美国

华盛顿特区 · 夏威夷群岛 · 新泽西州 · 纽约州……

加拿大

安大略省 · 魁北克省 · 艾伯塔省……

墨西哥

墨西哥城 · 坎昆 · 马萨特兰 · 蒂华纳……

巴西

里约热内卢 · 亚马孙河 · 伊瓜苏大瀑布……

阿根廷

布宜诺斯艾利斯 · 莫雷诺大冰川……

美洲纵横游

Mei zhou Zonghengyou

莫芳灿◎编著

全国百佳图书出版单位
ARTTIME 时代出版
时代出版传媒股份有限公司
安徽人民出版社

图书在版编目(CIP)数据

美洲纵横游 / 莫芳灿　编著—合肥:安徽人民出版社,2012.3
ISBN　978-7-212-04614-9

Ⅰ.①美…　Ⅱ.①莫…　Ⅲ.①旅游指南—美洲　Ⅳ.①K970.9

中国版本图书馆 CIP 数据核字(2012)第 026681 号

美洲纵横游

莫芳灿　编著

出 版 人:胡正义

责任编辑:王玉法　　装帧设计:钱志刚　王玉法

出版发行:时代出版传媒股份有限公司　http://www.press-mart.com
安徽人民出版社 http://www.ahpeople.com
合肥市政务文化新区翡翠路 1118 号出版传媒广场八楼
邮编:230071
营销部电话:0551-3533258　0551-3533292(传真)
印　　制:合肥华星印务有限责任公司
(如发现印装质量问题,影响阅读,请与印刷厂商联系调换)

开本:787×1092　1/16　　印张:13.5　　字数:220 千
版次:2012 年 3 月第 1 版　2012 年 3 月第 1 次印刷

标准书号:ISBN　978-7-212-04614-9　　定　价:32.00 元

温馨提示

《美洲纵横游》在编排过程中,参考了有关网站的文字资料和图片。我社将按照《中华人民共和国著作权法》相关规定支付稿酬。

联系方式:0551-3533228

FOREWORD

序

美洲，现有35个国家，其中北美洲有美国、加拿大和墨西哥等，南美洲有巴西和阿根廷等，总面积约4200万平方公里，人口约9亿。作者移居美国20多年，退休后，曾先后在其中5个国家旅游观光，对这些国家的历史、地理、名胜古迹、城市风光、文化艺术、风土人情都亲历其境，收获甚丰，开阔了视野，增长了知识，留下了许多美好的回忆。

为与读者分享这些奇妙的经历，作者从各次旅游中广泛收集的资料，结合所见所闻的收获与感受，以图文并茂的形式，精益求精地编著成此书。可以说，这本《美洲纵横游》，与作者编著出版的《欧洲纵横游》一书（安徽人民出版社，2010年11月）是“姊妹篇”，它们都能供曾经去过有关景点的旅游者，起到“巩固旅游成果”或“温故而知新”的效果；而对那些没有去过这些地方的人来说，可起到一定的“引导”或“概览”作用；同时，该书也对旅游院校师生、旅游企业职工、导游，以及对建筑艺术感兴趣的人士都有一定的参考作用。

在此，对于向作者提供有关资料、照片、图片和宝贵意见的AAA、CAA、Princess、Norwegian等公司、出版社及其作者、亲朋好友，以及旅行团团友的支持与帮助，表示衷心的感谢！

由于作者知识水平有限，书中错误之处在所难免，敬请诸位多加指教，谢谢！

莫芳灿

2011年5月于美国旧金山

目 录

Chapter 1
美 国

华盛顿特区 /005
弗吉尼亚州 /016
马里兰州 /019
宾夕法尼亚州 /021
纽约州 /024
新泽西州 /036
康狄涅格州 /040
马塞诸塞州 /041
佛罗里达州 /047
内华达州 /052
爱达荷州 /060
犹他州 /061
亚利桑那州 /069
科罗拉多州 /072
怀俄明州 /076
南达科他州 /082

加利福尼亚州 /085
俄勒冈州 /133
华盛顿州 /137
阿拉斯加州 /139
夏威夷群岛 /143

Chapter 2
加拿大

安大略省 /155
魁北克省 /163
英属哥伦比亚省(卑诗省) /168
艾伯塔省 /171

Chapter 3 墨西哥

墨西哥城 /177
奇琴伊察 /183
坎昆 /184
艾斯拉·缪遮利斯岛 /185
阿卡普尔科 /186
帕尔图·瓦塔拉 /186
马萨特兰 /188
圣荷西·德尔·卡勃 /189
卡勃·圣卢卡斯 /190
蒂华纳 /191
恩塞纳达 /192

Chapter 4 巴西

里约热内卢 /195
亚马孙河 /198
伊瓜苏大瀑布 /201

Chapter 5 阿根廷

布宜诺斯艾利斯 /205
莫雷诺大冰川 /209

美国

美国是美利坚合众国（United State of America）的简称，面积910多万平方公里，东临大西洋，西望太平洋，南接墨西哥（Mexico）及墨西哥湾，北邻加拿大（Canada）；另外，与美国大陆分离的，还有阿拉斯加（Alaska）和夏威夷（Hawaii）群岛。

美国共有50个州。国内最高山峰为阿拉斯加的麦金利山（Mt Mckinley），海拔6194米；最低处为加利福尼亚州的死谷（Death Valley），低于海平面82米。最长河流为密苏里河（Missouri River），长4023公里。最大湖泊为密歇根湖（Lake Michigan），面积57757平方公里。

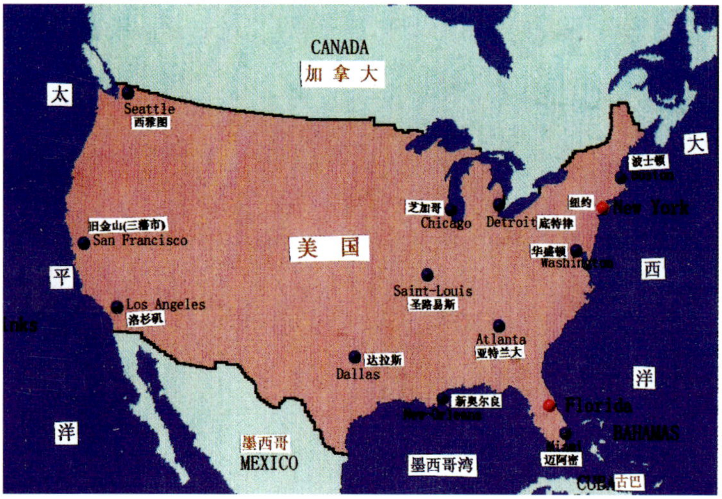

❖ 美国地理位置简图

截至2010年4月1日，全国居住人口总数为308745538人。美国50个州中，加利福尼亚州（California State）是美国人口最多的州，约有3720万人；怀俄明州（Wyoming State）人口最少，约56万人。

美国是一个移民国家。1999年统计，在美国出生的人口中，美国土著占90.3%，墨西哥裔占2.6%，菲律宾裔占0.53%，华裔占0.36%，古巴裔占0.35%，越南裔占0.35%，印度裔占0.31%，萨尔瓦多裔占0.28%，多米尼加裔占0.25%，英裔占

0.24%，韩国裔占 0.24%，其他占 4.21%。

据 2000 年统计，美国出口主要产品中，电脑及电子产品占 25.2%，交通运输设备占 16.4%，机械（不包括电气）占 11.5%，塑料及橡胶制品占 10.3%，电气设备、仪器仪表和元器件占 3.5%，食品占 3.3%。进口主要产品中，电脑及电子产品占 20.7%，交通运输设备占 17.5%，石油和天然气占 8.6%，机械（不包括电气）占 6.6%，化学制品占 5.9%，服装及附属品占 5.2%。

华盛顿特区
（哥伦比亚特区）
（Washington, District of Columbia）

华盛顿特区（哥伦比亚特区）是美国首都所在地，是美国政治中心。这里有许多著名的博物馆和餐馆。同时，在其附近的城镇，如佐治敦(Georgetown)、亚当斯·摩根(Adams-Morgan)、福吉·勃沓 (FoggyBottom)，以及特区商业区（Downtown），都是值得一去的地方。

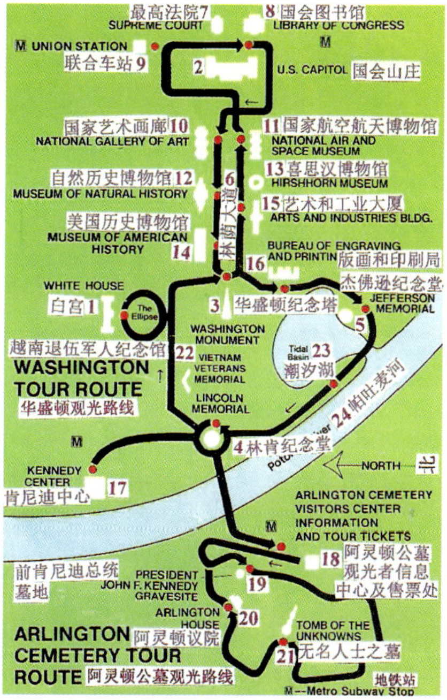

❖ 华盛顿特区与阿灵顿公墓的景点分布及观光路线简图

华盛顿市区位于帕吐麦河（Potomac River）边，占地面积 158 平方公里。建筑采用罗马式与希腊式建筑艺术。市内有许多纪念碑、胡椒树点缀的林荫大道和公共美术馆。环绕“巴尔特威”（The Beltway）商业区的，则是 I-149 州际高速公路。

华盛顿特区约有 60 万市民。其中 2/3 市民是公务员、律师，或是资产 10 亿美元以上公司的“活跃”（lobbyist）代表。这些“活跃”分子，在靠近国会山庄（Capitol Hill）和白宫（White House）的韦拉德宾馆（Willard hotel）的大厅中，时有所见。

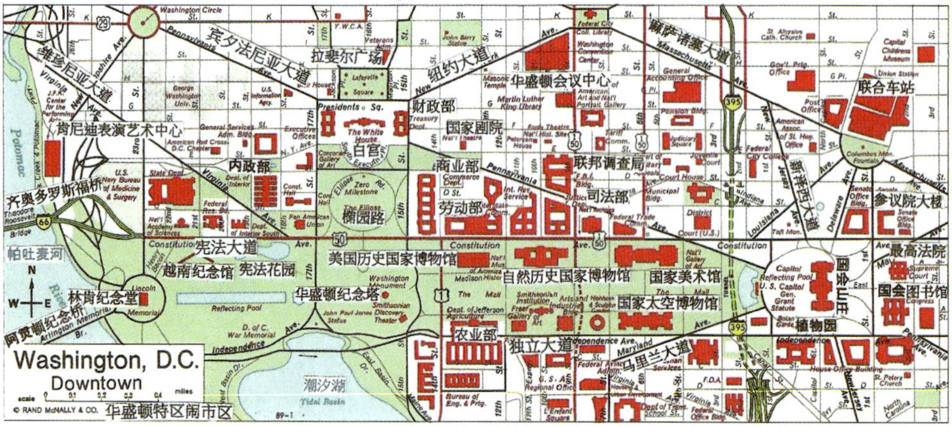

❖ 华盛顿特区闹市区地图

华盛顿特区，每年约有 2000 万游客到此观光。特区有一些非洲裔、西班牙裔和葡萄牙裔的社区。

华盛顿特区，是一座纵横交错的“井”字形街道的城市。街道由东向西，按英文字母顺序排列；由北向南，用数字排列。从国会山庄开始，分成四个区域。

白宫（White House）

白宫位于华盛顿特区最著名的宾夕法尼亚（Pennsylvania）大道。由于白宫是美国总统的办公场所和住所，因而名声显赫，闻名于世。

白宫于 1792 年始建，1800 年建成。在 1812 年战争期间被烧毁，1815 年重建。美国第二任总统约翰·亚当斯（John Adams）首先入住白宫。自此之后，每届总统都住在这里。白宫新古典式的设计经常修改，并煞费苦心地改造，使其不断现代化。在比尔·克林顿（Bill Clinton）执政期间，为安全考虑，宾夕法尼亚大街第 15 街和第 17 街之间的路段，禁止通车。现在，游客可以在用铁栅栏和南面草

❖ 白宫

❖ 从铁栅栏外看白宫

❖ 白宫仪仗队在操练

坪相隔离的人行道上散步、观光。

在白宫内部，椭圆形办公室是美国历届总统办公的地方，而红厅则用于接待贵宾，还有蓝厅、绿厅、外交接待大厅、会议厅、音乐厅和图书馆。据说白宫现在共有 132 个大厅、35 个浴室、3 个厨房、412 扇门、147 个窗口、28 个壁炉、8 架楼梯、12 个烟囱、3 架电梯。

1988 年 8 月 23 日，笔者有幸进入白宫内部参观，还观看了白宫仪仗队在草坪上的操练。

国会山庄（Capitol Hill）

国会山庄及其周边地区，是华盛顿特区最吸引人的地方，其地标就是国会大厦。国会大厦那雄伟壮丽的圆拱顶、中央大厅，是民主的象征。自亚伯拉罕·林肯（Abraham Lincoln）开始，每位已逝世的总统画像，都庄严地放在华盛顿壁画之下。国会大厦用曲径式通道和地下铁道系统，与参议院和众议院连接。观众可以从公共走廊中观看国会的辩论场面。

❖ 国会大厦前近景

❖ 国会大厦全景

与国会大厦后面相连接的，是1935年建成的美国最高法院。这里很多历史性的判决，在大理石的墙上都有记载。

邻近最高法院的是国会图书馆。该馆收藏有460种语言的1亿册图书。图书馆圆拱顶的天花板高度为49米。托马斯·杰弗逊（Thomas Jefferson）大楼的图书馆主阅览室，镶嵌着许多著名学者的雕像。其后面则是福尔杰·莎士比亚（Folger Shakespeare）图书馆。

❖ 国会大厦前面雕塑像(上)

❖ 国会大厦内部圆拱顶油画和浮雕(下)

❖ 国家档案馆

❖ 美国财政部大楼

闹市区（Downtown）

华盛顿闹市区（联邦三角），位于林荫大道、宪法大道与宾夕法尼亚大道之间，与白宫相连。连接国会山庄与白宫的宾夕法尼亚大道，曾是特区第一条主大街。著名的联邦调查局（Ferderal Bureau of Investigation，简称 FBI）大楼，就位于宾夕法尼亚大道 935 号。

国家档案馆位于联邦调查局大楼的正对面。在国家档案馆陈列柜中可看到：《独立宣言》、《美国宪法》，以及各种权益法案、尼克松总统个人文件等。

在闹市区有很多具有纪念意义的楼房，其中有美国海军大楼、旧邮局和华盛顿首座摩天大楼（现是食品委员会所在地）。

在旧闹市区，也有一些地标性建筑，例如，马丁·路德·金（Martin Luther King）纪念图书馆。这里常举办音乐会、儿童活动和放映电影等。

在街角附近，有一座福特（Ford）剧院。1865 年 4 月 14 日，林肯总统在这里被暗杀。观众在这里可以参观林肯总统遇刺的房间。

雾谷（Foggy Bottom）

雾谷的西端，有19世纪的住房、宾馆和旧书店。这里还有柯柯良(Corcoran)美术馆、良韦克（Renwick）美术馆和旧行政办公大楼。现在，副总统和国家安全委员会都在旧行政大楼办公。这座大楼大多数房间和圆形大厅，都对观光者开放。还有一座建筑，即位于D街的美国革命博物馆，馆里保存有许多战争文物。

帕吐麦河（Potomac River）河畔，有一座水门综合大楼。众所周知，尼克松水门丑闻，是在这里被揭露出来的。附近有一座约翰·肯尼迪（John Kennedy）表演艺术中心，于1971年建成开放，中心有音乐厅、歌剧院和电影院。

❖ 水门综合大楼

❖ 肯尼迪表演艺术中心

❖ 水门综合楼前河畔景观

乔治敦（Georgetown）

乔治敦，是华盛顿最古老的街区。优雅的联邦住房，就坐落在舒适的鹅卵石街道上。乔治敦大学就位于这里。大学的核心区就在M街和威斯康星(Wisconsin)街的街角处。观光者可以到此一游，呼吸呼吸乔治敦的新鲜空气。

林荫大道（The Mall）

这条林荫大道，把帕吐麦河与国会山庄以及华盛顿纪念塔连接起来。林荫大道一直延伸到史密斯安拿研究院博物馆（Smithsonian Institution Museums）和国家

❖ 从国会大厦看林荫大道

动物园（National Zoo）。史密斯安拿研究院里的每一个展厅都相当大，但也只能展出全部收藏品的1%。最受游客欢迎的是国家航空航天博物馆。

❖ 史密斯臣尼安研究院博物馆

观光者在美国历史博物馆，可了解许多具有历史意义的事件，如美国民权运动期间的反饥饿示威等。

❖ 历史博物馆内的展品之一，之二

有两个艺术美术馆，游客值得一看。一是国家艺术美术馆，该馆由两部分组成：东面大楼，主要收藏20世纪的艺术品；西面大楼，展出中世纪、文艺复兴时期艺术品。一是文艺复兴时期的自由派艺术美术馆，该馆广泛收藏亚洲和美洲艺术品，包括13世纪中国丝织品以及詹姆斯·麦克尼尔·韦斯特里（James McNeil Whistler）的油画。

另外，在林荫大道上，还有一座地下美术馆，该馆收藏了许多古今非洲艺术品。

华盛顿纪念塔（The Washington Monument）

华盛顿地标性建筑——华盛顿纪念塔，底层以上的塔高为169.33米，塔的总重为9.1万吨，是一座纯白大理石建筑物，是目前世界上最高的石制建筑物。华盛顿特区曾规定：特区内的建筑物不能高于该纪念塔。

从塔顶的各个窗口眺望，可饱览全城绮丽风光。向东望去，可见国会大厦和格兰特纪念堂。西面较远处，是林肯纪念堂，近处是宪法公园，这些建筑同在城市东西方向的主轴线上。向南望去，可见远处河畔上的杰弗逊纪念堂。往北望去，依次为椭圆广场、白宫、拉法埃脱公园。以上这些风格各异、色彩缤纷的纪念性建筑物，与周围的公共建筑群、园林、广场、河湖、山丘等，构成一幅幅引人入胜的美丽图画！

登塔顶有乘电梯和徒步攀登两种途径。塔内最早使用的是一部以蒸汽为动力的升降机。现今使用的这部电梯，是1959年更换的，它把游客从地面送到塔顶只需70秒；塔内有钢铁盘形楼梯，由50个平台和897级台阶组成。当然，除极

❖ 华盛顿纪念塔周边樱花及其倒影

少数人外，一般游客通常不会只身攀登而上，因为这样做，既耗时又费力，但可以不乘电梯步行而下。在步行下梯过程中，可欣赏镶嵌在塔身内墙壁上188块石雕的精湛艺术。这些石雕，分别是由一些国家以及美国国内的一些州、城市、团体和个人赠送或捐献的。

林肯纪念堂（Lincoln Memorial）

林肯纪念堂是华盛顿特区的标志性建筑，位于碧波荡漾的帕吐麦河（Potomac River）东岸和国家大草坪西端的一块相对独立、直径约400米的草坪中心，是一座用通体洁白的花岗石和大理石建造的古希腊神殿式纪念物。由于河滩地质很软，所以该纪念堂的地基耗资巨大，1914年动工兴建，到1922年才落成。

❖ 林肯纪念堂

❖ 林肯坐像雕塑

林肯纪念堂，是一座矩形建筑，柱廊东西宽约36米，南北长约57米，净高约18.3米，加上将近5米高的花岗岩基石，纪念堂总高度为23米多。纪念堂东门外宽阔的石阶，层层叠进，将游人引入圣洁的纪念堂内。纪念堂外廊四周，共有36根石柱，柱高13.4米，其底部直径2.26米。高大厚重的外廊石柱，颇有希腊巴特农神庙石柱的风格，象征林肯在世时美国的36个州。纪念堂顶部护墙上，有代表纪念堂落成时美国48个州的48朵下垂的花饰。廊柱上端护栏上刻着48个州的名字。

❖ 由纪念堂看华盛顿纪念塔及倒影

人们进入纪念堂时，迎面的是一尊洁白、庄严的巨型林肯雕塑坐像，他的手安放于椅子扶手两边，神情肃穆。这尊雕塑是美国著名雕刻家丹尼尔·切斯特·费兰奇（Daniel Chester French）的杰作。如果雕塑坐像按这个比例改成立像，其高度将达 8.53 米。雕塑坐像由 28 块大理石雕成后拼接而成，这是根据雕刻家提供的放样，再由石刻家皮施里利（Piccirilli）兄弟俩花了 4 年多时间雕刻而成。整个塑像预算为 8800 多万美元。

纪念堂南面石壁上铭刻着林肯《自由的新生——葛底斯堡演说》全文；北面石壁上刻着林肯 1865 年第二次总统就职演说全文。

林肯雕塑坐像非常传神，栩栩如生，其炯炯有神的目光，注视着对面 610 米长的倒影池，在不远处直插蓝天的华盛顿纪念塔及其倒影的衬托下，大有顶天立地之气势。同样，若从华盛顿纪念塔塔座向下西望，可看见洁白的林肯纪念堂的倒影，这真是各有意境，又相映成趣！

从纪念堂落成之日起，每年 2 月“总统纪念日”，都在台阶上举行纪念仪式，朗诵林肯的《葛底斯堡演说》。1963 年 8 月 23 日，20 万人在林肯纪念堂东面台阶外至华盛顿纪念塔前，举行和平集会，著名民权运动领袖、黑人牧师马丁·路德·金博士，在纪念堂东面台阶上发表了《我有一个梦想》的著名演说。

杰弗逊纪念堂（Jefferson Memorial）

该座纪念堂，是为纪念美国第三任总统、美国《独立宣言》起草人托马斯·杰弗逊而建造的。

❖ 华盛顿潮汐湖畔的杰弗逊纪念堂

❖ 杰弗逊铜像

1934 年 6 月 26 日，美国国会通过决议，拨款 300 万美元，在潮汐湖畔建造杰弗逊纪念堂。著名建筑师约翰·勒塞尔·帕彼（John Russell Pope）被选为纪念堂设计师。在纪念堂建造过程中，帕彼不幸逝世，他的伙伴奥托·洛·埃格斯（Otto R. Eggers）和丹尼尔·帕·霍献斯（Daniel P. Hohhins）继续了帕彼未竟的使命。1938 年在罗斯福总统主持下开工，即使在第二次世界大战期间，工程也未停止过。1943 年 4 月 13 日是杰弗逊诞生 200 周年的纪念日，杰弗逊纪念堂落成，向公众开放。

这座纪念堂，按照杰弗逊喜爱的罗马神殿式圆顶建筑风格设计，洁白典雅；希腊科林斯（Corinthe）式石柱环绕的圆顶是该建筑的主要特征。它的外围，共有 54 根花岗岩石柱，每根长 13 米，重 45 吨。纪念堂的北面，是大斜坡台阶。人们可看到：由 8 根大石柱支撑的门廊山墙上有一组庄严的大理石浮雕。浮雕反映的是美国独立前夕，杰弗逊等 5 人受大陆会议委任，起草《独立宣言》的情景。年轻的杰弗逊站在中间。他的左边是本杰明·富兰克林、约翰·亚当斯（John Adams，美国第二届总统，1997–1801 年在任），他的右边是另两位合作者罗杰·谢尔曼和罗伯特·利文斯顿。这组石雕像，是由纽约雕塑家阿道夫·温曼（Adolph Weinman）雕刻完成的。

主纪念大厅是圆形的，直径约 25 米、高 29.26 米，地面铺粉色和灰色相间的田纳西（Tennessee）大理石。它的四周环绕着高 13 米的 16 根石柱。大厅中央，在高 1.8 米的白色明尼苏达州（Minnesota）出产的大理石基座上，竖立着高 5.8 米的杰弗逊铜像。铜像后的石壁上，镌刻着杰弗逊生前的话：“我已经在上帝圣坛前发过誓，永远反对笼罩着人类心灵的任何形式的暴政。”

每年 4 月，纪念堂旁的潮汐湖畔樱花盛开，再加上纪念堂的倒影，周边景色十分迷人，游人络绎不绝。

弗吉尼亚州

(Virginia State)

弗吉尼亚州，东北接马里兰州（Maryland State），西邻西弗吉尼亚州（West Virginia State）和肯塔基州（Kentucky State），南连北卡罗来纳州（North Carlorina State），北邻宾夕法尼亚州（Panncyvilnia State），总面积约 11 万平方公里，人口 700 万。州府里士满（Richmond）。

弗吉尼亚风光绮丽。白浪滔天的海岸、耀眼的蓝色山峦与宁静的谢南多厄河谷（Shenandoah Valley），美景数不胜数。弗吉尼亚州，曾是乔治·华盛顿（George Washington）、托马斯·杰弗逊（Thoms Jefferson）、沃德劳·威尔逊（Woodrow Wilson）等 7 位美国总统的诞生地。这个州也是美国土著波卡汗达斯(Pocahontas)公主和约翰史密斯首领（Captain John Smith）的故乡。

弗吉尼亚州靠近华盛顿特区，紧贴大西洋，经济发展依赖于美国海军基地的建设以及运煤业、木材业、铁路交通和造船工业。

阿灵顿（Alington）

阿灵顿（Alington），人口约 19 万，隔着波多马克河（Potoma River）与华盛顿特区（Washington DC）相望。著名的阿灵顿国家公墓（Alington National Cementery）就在阿灵顿。阿灵顿国家公墓占地 248 公顷。自从 1864 年第一位死

❖ 待卫正在行进中

者埋葬在这里以来，至今已有 22 万以上的官兵长眠于此。

有旅游观光车可带游客到阿灵顿国家公墓观光。

阿灵顿国家公墓观光中心的北面是艾沃·詹玛（Iwo Jima）巨型青铜塑像，高 24 米。

从阿灵顿国家公墓的石板路出来就是五角大楼。这座世界上最大的单体结构（Single-Structure）办公大楼，有 2 万多名美国国防部（Deparment of Defense）人员在此办公。五角大楼有 27 公里长的走廊，建筑面积 57 万平方米。

❖ 阿灵顿无名人之墓

阿灵顿国家公墓南面，是玛纳沙斯战场国家公园（Mannssas Battle-Field National Park）。

阿灵顿王子威廉地区（Prince William County），拥有世界上最长的林荫大道，这里是匡提科海军陆战队的基地（Quantico Marine Corps Base），海军陆战队空军—地勤博物馆（Marine Corps Air- Grrund Museum）也位于这里。沿着博物馆再往下走，就是美国联邦调查局（FBI）大楼。

路瑞岩洞（Luray Caverns）

路瑞岩洞，位于阿巴拉契亚山脉（Appalachian MTS）尚安道国家公园（Shenandoah National Park）内斯盖莱地段（Skylinc Dr.）上，距华盛顿特区约 100 公里。

❖ 美国境内岩洞分布图

在美国与西班牙战争和国内战争期间，人们利用这些山洞制造硝石（硝化钾）和火药。托马斯·杰弗逊（Thomas Jefferson）用路瑞岩洞，作为跳交际舞的场地。

路瑞岩洞的自然美景，每年吸引数百万国内外游客到此游览。路瑞岩洞里没有一个岩洞景色雷同，一些岩洞有大教堂天花板那样的净高空间，一些岩洞像风洞一样复杂，还有一些岩洞里有瀑布、溪流、水池和湖泊，以及钟乳石、石笋、石柱、石帘、石草等。

❖ 路瑞岩洞入口

马里兰州

(Maryland State)

马里兰州，东接特拉华州（Deleware State），西、南邻弗吉尼亚州（Virginia State），北连宾夕法尼亚州（Pennsyvania State），总面积3.2万平方公里，该州有2/5的土地被森林所覆盖。人口约530万，州府在安纳波利斯（Annapolis）。

该州与大西洋（Atlantic Ocean）接壤处，地势既平坦，又有辽阔的沼泽地，有两个主要著名的旅游目的地：阿沙迪格岛海岸（Assateaque Island National Seashore）和黑水国家野生动物保护区（Blackwater National Wildife Refuge）。切萨帕克湾（Chesapeake Bay）穿马里兰州中心而过，给该州提供了便利的海运。

马里兰州的盖瑞特县（Garrett County）有许多公园和湖泊，是徒步旅行和钓鳟鱼的好去处。

巴尔的摩（Baltmore）

巴尔的摩是马里兰州最大的城市，位于帕塔普斯科河（Patapsco River）的源头，离华盛顿不远，人口65万。该州有巴尔的摩–华盛顿国际机场和华盛顿杜勒斯（Dulles）国际机场。

巴尔的摩是美国国歌《星条旗（The Star-Spangled Banner）》词作者弗朗西斯·斯科特·基（Francis Scott Key）的诞生地。

❖ 巴尔的摩海港一角

❖ 巴尔的摩海港旧火炮群

❖ 美国国歌《星条旗》的诞生地

巴尔的摩艺术博物馆，收藏有不少毕加索（Picasso）、凡·高（van Gogh）和马蒂斯（Matisse）等艺术家作品。沃尔特斯（Walters）艺术美术馆，主要以收藏希腊和亚洲的艺术品和手工制品而闻名于世。

游客可在27层楼高的世界贸易中心顶部观赏城市美景，也可乘坐水上游艇去费尔斯角（Fells Point）观赏海景。这里的航海社区，街道用鹅卵石铺就，与商店和餐馆相映成趣。

许多大学、学院和高等学习中心，都集中在巴尔的摩，著名的约翰·霍普金斯（John Hopkins）大学、皮博第（Peabody）音乐学院、马里兰大学和约翰·霍普金斯大学医学院都在巴尔的摩。

巴尔的摩有许多维多利亚式（Victorian）建筑，位于市中心北卡韦特（North Calvert）街1125号政府公寓是其典型代表。

❖ 约翰·霍普金斯大学校园

❖ 约翰·霍普金斯大学校园

宾夕法尼亚州

(Pennsylvania Sate)

宾夕法尼亚州，东接新泽西州（New Jersey State），西连俄亥俄州（Ohio State）和西弗吉尼亚州（West Virginia State），南邻西弗吉尼亚州、马里兰州（Maryland State）、特拉华州（Delaware State），北接纽约州（New York State）。面积 12 万平方公里，人口 1200 多万。州府设在哈里斯堡（Harrisburg）。

宾夕法尼亚州拥有美国最珍贵的历史和文化遗址、风景如画的农田、浓密森林覆盖的山峦、河流和著名的高等教育和研究中心。

宾夕法尼亚州，现今仍保持美国制造工业中心地位，保健业、银行业、商业零售业，在经济生活中，也占有很大的比重。

宾夕法尼亚州，水路可通伊利湖（Lake Erie）和大西洋。其波科诺（Pocono）和阿勒格尼山脉（Allegheny Mountains）及周边山丘谷地，可用于徒步旅行、露营、钓鱼和滑雪。该州有三条主要河流：俄亥俄（Ohio）河、萨斯奎哈纳（Susqehanna）河和特拉华（Delaware）河。这些河流，都是喜欢户外运动者的至爱。

费城（Philadelphia）

费城，建于1682年。现在，这座以希腊语命名的“兄弟情深之城”，是美国文化、商业、医学和教育中心之一。

威廉·彭（William Penn）把费城设计为“井”字形。费城是一座“绿色城市”，市里有很多停车场、宽阔的街道、花园和果园。现在，费城已是宾夕法尼亚州（Pennsylvania）最大的城市，人口160万人。

在美国独立战争期间，费城是13个殖民地反抗英国的政治中心。1774年，首次大陆会议在卡宾蒂（Carpenter）大厅举行。从1775年到1783年，第二次大陆会议在宾夕法尼亚州议院（Pennsylvania State House）（今独立厅）举行。1776年，代表们在费城签署了独立宣言，正式脱离英国而独立。

在第二次世界大战期间，虽有短暂的繁荣，但费城开始一蹶不振。市民贫穷而消瘦，楼房残旧，市内拥挤不堪。第二次世界大战之后，从南部来美国的非洲裔移民，前往这个已经衰落的工业城市寻找工作。直到1983年，当威尔逊·古德（W. Wilson Goode）当选为费城首位

❖ 费城的自由钟

❖ 费城独立厅

黑人市长之后，才有效地激发这座城市的活力。现今，费城城市清洁干净，经济充满活力。

现在费城拥有众多的世界级博物馆和许多著名的大专院校，费城还是美国医疗保健工业的中心。

喜欢美国历史的游客，可以在德拉瓦河的宾州步行观光。国家独立历史公园（Independence NationalHistorical Park）位于宾州，是游客“必看（must-see）”之地。观光者可仔细观赏公园里的独立大厅、卡宾蒂大厅、自由钟楼和国会大厅。

公园还有本杰明·富兰克林（Benjamin Franklin）陈列室。这里还有一座国家雕塑美术馆，馆里约有 185 个雕像，其中很多雕像是查尔斯·威尔逊·皮尔（Charles Willson Peale，1741－1827）的作品。

福吉谷国家历史公园（Valley Forge National Historical Park）距离费城西北方向 32 公里。观光者可看到酷似巴黎凯旋门的纪念门楼、重建的临时营房、战壕和防御工事等。

❖“费城华埠”牌楼

❖ 当年华盛顿兵营

❖ 费城郊外的纪念门楼

在 1727 年建成的圣公会基督（Episcopal Christ）教堂内，游客可看到华盛顿、富兰克林和俾西·罗斯（Betsy Ross）曾用过的长凳，也可看到第一面美国国旗。

在德拉瓦河西岸的老城里，游客可到狭窄的鹅卵石街道、佐治亚和殖民地式的楼房里游览。若想领略更多的景色，游客可到费尔蒙特（Fairmount）公园里 161 公里长的迂回曲折的小路上散步，或到秀尔乔河上划船。

在自然科学研究院，有很多永久性的展品。展厅包括：野生动物中心、恐龙化石厅、非洲厅等。

富兰克林科学研究博物馆（Franklin Institute Science Museum）展品展示了本杰明·富兰克林对科学的贡献。对美国黑人历史感兴趣的观光者，则应去非洲裔美国人博物馆游览。

纽约州

(New York State)

纽约州，东接佛蒙特州（Vermont State）、马塞诸塞州（Massachusetts State）、康涅狄格州（Connecticut State），西接宾夕法尼亚州（Pennsylvania State）、伊利湖（Lake Erie）、安大略湖（Lake Ontario）和加拿大安大略省（Ontario Province in Canada），南邻宾夕法尼亚州和新泽西州（New Jersey State）。人口约1900万，总

纽约州地理位置图

面积 14 万平方公里。州府在奥尔巴尼（Albany）。

美国两个最大的土著民族：盎格关（Algonquian）和艾洛霍斯（Iroquois）族，主要都居住在纽约州。

除了人口稠密的纽约行政区外，该州大都是农业区。森林覆盖率达到 54%。盛产牛奶、马铃薯和水果等。阿地朗德克山脉(Alirondack Mountains)、尼亚加拉大瀑布(Niagara Falls)、哈得逊河谷（Hadason Valley）和长岛（Long Island）海滩等地自然风光绮丽。纽约州有三个地区：芬格湖（Finger Lakes)、哈得逊河谷和长岛。

纽约是美国最大的城市，是商业、金融和文化事业繁荣的大都市。纽约证券交易所（New York Stock Exchange）是世界最大的交易所。

纽约（New York）

纽约市，别称“大苹果”，是一个独特的城市。它是世界金融、贸易、商业和文化的中心。纽约也是联合国所在地。纽约大都会，约有 800 万人在此居住。

❖ 纽约市 5 个行政区及周围地理位置图

纽约市，位于纽约州东南面，西邻新泽西州（New Jersey），东接康涅狄格州(Connecticut)，由 5 个行政区组成：曼哈顿(Manhattan)、布鲁克林（Brooklyn)、皇后区（Queens）、布朗克斯(Bronx)、斯塔滕岛（Staten Island)。

新泽西州和曼哈顿之间的哈得逊河（Hudson River），向南流入上湾（Upper Bay)。长岛海湾（Long Island Sound）汇合到东法拉盛湾（Flushing Bay），随后沿着东河（East River），流经布鲁克林桥（Brooklyn Bridge），再流入上湾。斯塔滕岛和布鲁克林之间非常狭窄，形成下湾（Low Bay），水流入大西洋（Atlantaic Ocean）。纽约港是世界上最繁忙的港口之一，为终年不冻港。

纽约是美国最大的城市，总面积800平方公里。除了东京（Tokyo）、墨西哥城（Mexico City）和巴西圣保罗（Sao Paolo）外，纽约人口密度高于世界其他任何城市。

从1785年到1790年，纽约市是美国首都。直到1797年，还是纽约州的首府。

❖ 纽约曼哈顿主要交通线路及部分观光景点简图

约在1870年，纽约有了第一座公寓大楼。1902年，纽约有了第一座21层高的摩天大楼（Flatiron Building）。从1890年至第二次世界大战期间，是纽约“黄金时代”。华尔街（Wall Street）吸引了许多投资银行家入住，他们中就有摩根（J. P.Morgan）、欧葛兹·比尔蒙（August Belmont）、约翰·德·洛克菲勒（John D Rockefeller）、“钢铁大王”安德廖·卡尼吉（Andrew Carnegie）和零售商费伍尔沃斯（Woolworth）。

曼哈顿（Maanhattan）

曼哈顿岛，位于哈得逊河东岸，是纽约市最古老、人口密度最大、建筑物最多，又是最小的行政区，面积73平方公里，长19公里，宽5公里。曼哈顿岛街道呈“井”字形，从东到西称街道，从北到南称大街（林荫大道）。1980年人口

❖ 华尔街的铜牛雕像

❖ 从WTC楼顶上看中城区

❖ 9·11前的世界贸易中心(WTC)

❖ 纽约华尔街一角

❖ 纽约证券交易所

❖ 曼哈顿中国城夜景

140 万；2011 年，接近 150 万，其中 1/3 居民说西班牙语。

曼哈顿是纽约市的中心，也是商业、金融、制造业、文化、医药、旅游和教育中心。曼哈顿还是美国对外贸易、广播电视、保险业和广告业的中心，许多世界大公司总部设在这里。美国最大的银行、金融经纪公司，包括纽约和美国证券交易所等金融机构都设在这里。纽约歌剧院、大都会歌剧院、纽约交响乐团、美国芭蕾舞剧院、纽约市芭蕾舞团等也都设在这里。设在曼哈顿的博物馆有大都市艺术博物馆（Met）、惠特尼（Whitney）博物馆、现代艺术博物馆（Moma）。

今天的曼哈顿已经是名副其实的“不夜城”（the city that never sleeps）。观光者可以在曼哈顿任何地方、任何时候买到自己所想要的商品。

下城区（Downtown）

第 14 街以南地区，就是纽约市下城区。1987 年 12 月 24 日，笔者有幸观光了著名的纽约“世界贸易中心双子塔”（Twin towers of theWorld Trade Center，简称 WTC）。

“双子塔”，又有“姊妹楼”之称，占地 9.51 万平方米。每座楼有 110 层，高 417 米。“九·一一”前，有 1200 多家公司、5 万员工在这里上班，仅是观光者每天就有 8 万多人。然而，“九·一一”事件之后，“双子塔”被夷为平地。

中城区（Midtown）

❖ 帝国大厦

❖ 联合国总部大楼

第 14 街与第 59 街之间的地区，就是中城区。

在第 34 街与第五大道交会处，有一座闻名于世的帝国大厦（Empire State Building），建于 1931 年，高 381 米。从第 42 街东走到尽头与第一大道交会处，就可见到联合国总部大楼（United Nations Headquaters）。在第 50 街与第五大道交会处附近，竖立着洛克菲勒中心（Rockfeller Center），它由 20 座大楼组成。在现今的美国通用电气（GE）公司外面的洛克菲勒广场上，有一座用耐高温金属制成的普罗米修斯（Prometheus）雕像。每年圣诞节期间，在该广场上都会竖立起一座挂满彩灯、高约 30~40 米的特大圣诞树，引起人们驻足观看。

❖ 洛克菲勒中心的雕塑像

无畏海空博物馆（Intrepid sea air space Museum）

从第 46 街往西走，到哈得逊河畔附近，就可看见曾在第二次世界大战中服役的“无畏”（Intrepid）号航空母舰。“无畏”号航母退役后，停泊在曼哈顿西 86 号码头，成为现今的“无畏海空博物馆”（简称“海上博物馆”）。

❖ 航母甲板上的飞机

❖ 航母控制室

❖航母右侧的火炮

上城区（Uptown）

第59街以北地区，就是上城区。这里是主要的办公地区。上城区东面和西面，都邻近中央公园（Central Park），这里有很多居民区与商业区。米勒（Mile）博物馆在上城区东面。拉丁裔和非洲裔的美国人，大多数住在曼哈顿北部，与哈尔廉、英沃（Inwood）、华盛顿高地相毗邻。

中央公园面积340公顷，是纽约最大的公园。公园里有一座动物园，动物园里有野生动物保护中心、露天剧场、湖泊、蓄水池和娱乐设施。游客可在公园里散步、晒日光浴、踢足球、打篮球等。另外，游客可到华盛顿广场、修道院和中世纪艺术博物馆等观光游览。

布鲁克林（Brooklyn）

布鲁克林，人口约250万，面积183平方公里，位于长岛（Long Island）西南端，与曼哈顿隔河相望。它的水路航道总长约320公里。这里有宽阔的深水海湾港口。

布鲁克林主要商业区在布鲁克林高地和弗拉布许（Flatbush）大道之间。游客可到展望（Prospect）公园、湖泊风景区、1912年重建的森林地带和列菲尔兹·哈姆斯迭（Leffererts Homestead）农舍、牙买加（Jamaica）湾野生动物保护区、国家疗养区参观游览。此外，布鲁克林海洋公园（Brooklyn Marine Park）、戴克海滩公园（Dyker Beach Park）、汉密尔顿要塞（Fort Hamilton）也值得一游。

其他值得游客观光的景点有布鲁克林大桥、费尔顿码头（Fulton Ferry）、布鲁克林博物馆、布鲁克林植物园、布鲁克林音乐学院、纽约水族馆、普列茅斯

(Plymouth) 教堂、布鲁克林普罗蒙德 (Promenade) 高地、康尼岛 (Cony Island) 沙滩、水族馆、娱乐公园和木板路。

皇后区 (Queens)

皇后区是纽约最大行政区，面积 283 平方公里。世界上两个最繁忙的国际机场——拉瓜地 (LaGuardia) 和约翰·菲茨杰拉德·肯尼迪 (John F. Kennedy) 国际机场，都在皇后区。

皇后区，人口 210 万。有两座历史性建筑：1661 年建成的法拉盛-鲍尼 (Bowne) 住宅、1696 年建成的友好社区魁克 (Quaker) 会议院，很值得游客观光。长老会教堂和殖民安第东克 (Onderdonk) 农舍，也值得一游。

皇后区博物馆、美国博物馆、纽约科学会堂、野口勇 (Isamu Noguchi) 花园博物馆、皇后区县级农场博物馆和牙买加艺术家中心，以及施亚 (Shea) 大型露天运动场、国家网球中心等建筑都在皇后区。此外，野生动物保护中心和植物园，都在皇后区法拉盛。这些地方都值得一看。

皇后区公园占地 2000 多公顷，里面的法拉盛柯罗那草地 (Flushing Meadows-Corona) 公园，曾是 1934-1935 年和 1964-1965 年世界博览会的举办地。里面还有森林 (Forest) 公园、昆宁汉 (Cunningham) 公园、阿里 (Alley) 公园、卡赛那 (Kissena) 公园和高地 (Highland) 公园。

皇后区有位于洛克威 (Rockaway) 半岛的 16 公里长的海滩，是市民喜爱的休闲场所。

布朗克斯 (Bronx)

布朗克斯是纽约最北面的行政区，面积 109 平方公里。三面环水，长岛在东面，哈尔廉和哈得逊河在西面，东河在南面。纽约贫民大都住在布朗克斯。

布朗克斯有两个国家仓库：帕契斯特 (Parkchester) 仓库、居民与城市共用 (Co-op) 仓库，前者可供 4 万人使用，后者可供 5 万人使用。在贝尔蒙特 (Belmont)，20 世纪 60 年代，有很多意大利餐馆。在里弗代尔 (Riverdale)，则有很多漂亮的庄园。

布朗克斯有纽约市最大的公园。纽约植物园和布朗克斯动物园 (国际野生动物保护公园) 都是从布朗克斯公园分出去的。彼尔汉姆湾公园 (Pelhem Bay Park)、凡·柯特兰（Van Corrtlandt）等公园，现在都是市民公园。扬基（Yankee）露天大型运动场，是著名的棒球队纽约扬基队（New York Yankees）总部所在地。还有一些引人注目景点，如位于布朗克斯的艺术博物馆、浦尔（Poe）别墅、奉山城堡（Fonthill Castle）和城岛（City Island），都值得观光者观光。

斯塔滕岛（Staten Island）

里士满县（Richmond County）所在地斯塔滕岛，是纽约市最南端一个大居民区，面积152平方公里，人口38万。斯塔滕岛与新泽西州相邻。马连那(Mariner)港是斯塔滕岛工业和航运中心，也是北部和东北部海岸炼油基地。

在斯塔滕岛观光，吸引观光者眼球的景点有：里士满塔、港口文化中心、植物园、儿童博物馆、爱丽斯·奥斯汀（Alice Austen）住宅、艺术与科学研究所、格里波德–毛施（Garibaldi-Meucci）博物馆、动物园和斯塔滕岛渡口等。

该岛自然保护区在岛中心，面积1000公顷，有两条人行小道。弗朗西斯·福特·柯波拉（Francis Ford Coppola）曾住过的休闲房屋，在图特（Todt）山丘上，这里是该市的最高处。

自由女神雕像

纽约上湾（Upper New York Bay）水面上有两个小岛：自由（Liberty）岛和爱利斯（Ellis）岛。自由岛面积约5公顷，岛上有举世闻名的自由女神雕像。雕像是1884年法国人赠送给纽约市的。自由女神雕像，总重201吨，高93米。其中台基高47米，从台基到火炬高46米。火炬上能站立11人，而女神头部可站立45人。女神右臂长13米，两眼之间距离0.64米，鼻长1.38米，口阔0.89米，左手手持便笺大小为7×4米。

观光者可乘电梯也可步行攀登189级台阶，到达雕像的台基顶部。从这里，还要再攀登142级台阶，到达雕像王冠顶部。自由岛上还有博物馆，馆内有许多展品对外展出。每年来此观光者约200万人次，整个观光过程约2.5小时。从巴特里（Battery）公园渡口到自由女神雕像的岛上，大约需要15分钟。

爱利斯岛，在1892–1924年，曾是1200万移民通过该岛进入美国的接收中心，它于1990年对公众重新开放。

❖ 自由女神雕像

交通运输

纽约市有众多的桥梁与隧道，可使各种车辆畅通无阻。市内还有发达的地铁系统。在街道上步行和在上班时间乘地铁，都是体验纽约市生活的最好方式。

在交通高峰期和周末晚上，曼哈顿的交通拥堵十分严重。纽约市地铁运行速度快、价钱便宜、效率高。地铁线路长 1149 公里，全天运行。

西点军校

西点军校，地处哈得逊河谷与哈得逊山地的中心，位于悬崖峭壁之上，可眺望河道两岸绮丽的风光。西点军校曾是要塞，是美国历史最悠久、最著名的军事学院（US Military Academy at West Point）。西点军校距离熊山公园（Bear Mountain Park）以北 8 公里，靠近曼哈顿。

西点军校是1802年美国国会创办的，是美国第一所工程学校，由联邦政府提供学费、伙食费、书本费、制服和生活津贴，每年招收4400个学员。学生4年中主要学习工程技术、军事科学、社会科学、自然科学、人文科学等。学员毕业后，至少要在军队服役6年。从西点军校毕业的著名人物有：格兰特（Grant）、罗伯特·李（Robert Lee）、潘兴（Pershing）、麦克阿瑟（MacArthur）、艾森豪威尔（Eisenhower）和斯瓦茨科普夫（Schwarzkopf）等。

纽约州西点军校地理位置图

由西点军校眺望哈德逊河

西点军校的火炮

在西点军校塞亚大门（Thayer Gate）附近的观光中心，备有一些地图，游客可以索取。附近的奥斯德堂（Olmsted Hall）是西点博物馆。

西点军校的露天剧场（左）

西点军校的体育运动场一角（右）

尼亚加拉大瀑布（Niagara Falls）

尼亚加拉大瀑布，是世界上最著名、最值得观赏的大瀑布，它由三条大瀑布组成：美国瀑布（American）、纽约婚纱瀑布（Bridal Veil Falls in New York）和加拿大安大略马蹄形瀑布（Horseshoe Falls in Ontario，Canada）。

尼亚加拉大瀑布所在的尼亚加拉市，人口约6万，是水牛市北部主要的旅游中心。除旅游业外，化工、机械制造、木材和水力发电，是该市的经济支柱。

1958年，在尼亚加拉瀑布附近，加拿大建成了施·阿当·贝克–尼亚加拉（Sir Adam Beck-Niagara）发电站。1963年，美国建成了罗伯特·毛施斯–尼亚加拉（Robert Moses-Niagara）发电站。这两座发电站，都位于大瀑布下游6公里处。水流从瀑布上面分流，并由地下导管传送给水轮发电机。

尼亚加拉大瀑布，由两条大瀑布组成：一是在加拿大一侧的马蹄形瀑布，称为加拿大瀑布，高54米；一是在美国一侧的美国瀑布，高55米。纽约市高特岛（Goat Island）把瀑布一分为二，婚纱瀑布就是美国瀑布靠近高特岛的一小部分。

虽然美国和加拿大两侧的瀑布都很好，都很值得观赏，但最好的景观，包括夜景，还是从加拿大一侧观赏略胜一筹。在美国这一侧有几个好观赏点：展望观测点（Prospect Point）、月亮岛（Luna Island）、水龟观测点（Terrapin Point）和三个姐妹岛（Three Sisters Islands），游客可在怒吼倾泻而下的大瀑布的边缘几米处进行观赏。

马蹄形瀑布最壮观，水量也是最大的。瀑布的宽度为640米，美国一侧瀑布的宽度为328米。

❖ 美国大瀑布与观光塔（左）
❖ 迷雾中的彩虹景色（中）
❖ 航行在河面的“迷雾少女”游轮（右）

观赏尼亚加拉大瀑布的传统方法，就是乘坐“迷雾少女”（Maid of the Mist）游轮。该轮可载客600人。

大约12000年以前，冰川开始北移，伊利湖巨大的洪流，涌向尼亚加拉，洪流从威斯康星（Wisconsin）越过安大略和纽约州，进入现今的尼亚加拉河。由于急流的侵蚀，在上游约11公里处渐渐地向瀑布推进，挖凿成尼亚加拉峡谷（Niagara Gorge）。现在，马蹄形瀑布平均每年后退1.5米，而在美国一侧的瀑布，平均每年后退15厘米。

游客参观大瀑布后，还可继续游览大湖花园（Great Lake Garden），这个花园里有大湖区比例模型。索尔柯帕夫地质博物馆（Schoellkopf Geological Museum），在公园的北端。博物馆里还有尼亚加拉峡谷和瀑布的形成历史展览。

尼亚加拉瀑布市里的水族馆，有许多海洋哺乳动物、鱼和其他生物。尼亚加拉游泳水上公园（Niagara Splash Water Park），有滑水场、冲浪池、遥控船和“沙滩”。冬季花园是个室内热带花园，离水上公园只有几步之遥。

从尼亚加拉大瀑布出发，沿着罗伯特·毛施斯快速通道，向北驱车而行，可参观大漩涡州立公园（Whirlpool State Park）和魔鬼洞州立公园（Devil’s Hole State Park）。这两个公园，都有徒步行走的小路。

❖ 从展望观察点看美国大瀑布（上）

❖ 游轮上披着“雨衣”的游客在“抢镜头”（下）

❖ 游轮即将“进入状态”（中）

❖ 雄伟壮观的美国大瀑布和婚纱瀑布（右）

游客还可驱车沿圣劳伦斯河（St Lawrence River）边公路行驶，沿途经过千岛群岛（Thousand Islands），最后可到安大略湖（Lake Ontario）游览，观赏安大略湖、尼亚加拉河和伊利湖绮丽的风光。

新泽西州

(New Jersey)

新泽西州，面积2.1万平方公里，其中陆地面积1.9万平方公里，是美国比较小的州，新泽西州又称花园州（The Garden State），州府是特兰顿（Trenton）。新泽西州是美国人口最稠密的州，人口840多万，2/3居民住在纽约市附近。

新泽西州有不少荒地，纽约市西侧就有大片沼泽地（Great Swanp），占地达3000公顷。阿巴拉契亚山脉（The Appalachian Mountains），横贯新泽西州西北角。阿巴拉契亚小径（The Appalachian Trail），沿着阿巴拉契亚山脉，是一条从佐治亚(Georgia）一直延伸到缅因（Maine），长达3500公里的山脊线，与特拉华河(Delaware River）和特拉华水域国家休闲区（Delaware Water Gap National Recreation Area）平行。

新泽西州南部是松林地区，这里早期是一大片荒地，现在这里有许多草原、沼泽和森林。

新泽西州的城市都比较小，但有许多令人神往的地方。该州大西洋海岸有许多别墅、木板路和海滨城镇，长年向游客提供休闲和娱乐场所。

帕特森（Paterson）市

帕特森市黑人居民很多。工厂、商店、银行、邮局、居民区、公园等街区，呈“井”字形，井井有条。该市南面，有80号州际公路呈东西方向横穿境内，交通十分便利。

❖ 帕特森市的“瀑布”

❖ 白雪皑皑多美丽

❖ 苹果熟了的季节

❖ 初秋时节枫叶渐变红

在市区，还可见到“大瀑布”（Great Waterfalls）。由于经过该市河流的河床突然陷落，致使前后两段河床落差很大，形成了这种奇妙的自然景观！

霍索恩市（Hawthorne）

霍索恩市，位于帕特森市最北端的帕施克河北岸，东南面邻近费尔劳恩（Fairlawn）。

霍索恩市的居民，大多数是白人。小镇有联合商场、AP超级市场（相当于旧金山湾区的Saftway、Lucky等超市）、邮局。

霍索恩市春夏秋冬四季分明，各有特色。夏天酷热，一些年青的女孩子，穿着“比基尼”泳装，一大早就在庭院内晒太阳。秋天，则是苹果熟了的季节，远近的树叶逐步变成五颜六色，多姿多彩，非常漂亮。寒冬腊月，大雪纷飞，到处白雪皑皑。这时，各条高速公路必须及时用铲雪车将积雪清扫干净。

伊丽莎白（Elizabeth）市

伊丽莎白市人口约11万，是个拥有多个新泽西州“第一”的城市：伊丽莎白市是新泽西州第一个说英语的城市，是新泽西州最初的首府，是普林斯顿大学

(Princeton University) 最初的校址所在地。

伊丽莎白市拥有很多著名的农舍和民居。这些建筑都有着共同的特点：高高的烟囱、阶梯形斜屋顶和小窗格玻璃的窗户……现存伊丽莎白市最老的房屋，有1682年前建成的奔尼尔（Bonnell）屋和1680–1720年间建成的贝契–奥津·麦臣（Belcher-Odgen Mansion），这些建筑是人们了解当时建筑艺术的样品。

伊丽莎白市位于纽瓦克国际机场（Newark International Airport）和纽瓦克湾深水港之间，因而该市是重要的铁路和集装箱的航运中心。

纽瓦克（Newark）市

纽瓦克市是新泽西州最大的城市，位于纽瓦克湾，西离纽约市13公里。现在该市的高塔、综合办公大楼、圣·约瑟夫（St Joseph）广场、吉勃雷特尔（Gibralter）大楼等都还保留了16世纪的原貌，一些小商店、公共楼房和公寓，都装饰一新。

纽瓦克市有44个公园，其中有两座国家级古老公园：溪流（Branch Brook）和威魁赫（Weequahie）公园。勃朗茨·布鲁克公园建于1895年，原占地24公顷，至今已扩展至197公顷，公园里有湖泊、棒球场和盖尔（Gaelic）美式足球（橄榄球）球场。

纽瓦克博物馆是美国最漂亮的博物馆之一，有66个画廊，展出18–20世纪美国一流的收藏品。这些永久性画廊，陈列着从非洲到南美洲、从哥伦布时代到当今的艺术精品佳作。

新泽西州表演艺术中心，位于纽瓦克河畔，占地4.9公顷，经过10年设计和施工后，于1997年对外开放。中心的审慎厅（Prudential Hall），是一个世界上为数不多的2750个座位的巨型音乐厅，深受观众欢迎。艺术中心由建筑师巴顿·迈尔斯（Barton Myers）设计。

纽瓦克国际机场，是世界上最繁忙的机场之一，主要为纽瓦克和纽约提供空中服务。

泽西城（Jersey City）

现在，泽西城是哈得逊河流域中人口最稠密的城市。从泽西城可观赏对岸纽约市的风光。

20世纪90年代，泽西城航运业有了很大的发展。科尔盖特（Colgate）中心工程占地17公顷；有1200个房间的宾馆、海边空地和39层楼高的综合办公大楼；有直接与曼哈顿相连的码头。纽波特（Harborside）金融中心，位于旧航道的铁路停车场上，占地30万平方米，工作人员有12000人，有650个居住单元和一座300个房间的宾馆。30层楼高的证券交易中心，改变了泽西城的面貌。在中央铁路终点站，竖立着自由女神雕像。

泽西城航运工业区，占地454公顷，其中公园占地122公顷。在工业区旁边，有公共休闲区，内有人行道、自行车道、慢行道和骑马场地，以及野餐区、音乐厅、划艇区、游泳区、钓鱼区。在这里，可观赏曼哈顿绮丽的风光。在自由科学中心（Liberty Science Center），常年有手工制品展出。

大西洋城（Atlantic City）

大西洋城，位于美国东部新泽西州东南部大西洋岸边的栅栏岛上，有横跨海湾的桥梁与大陆连接。大西洋城与美国西部著名赌城拉斯韦加斯（Las Vegas）齐名。大西洋城是一座“不夜城”，赌场规模宏大、豪华，“老虎机”（Slot Machine）和掷骰（dice）的声音，每天24小时响个不停。

唐纳德·特朗普（Donald Trump）古堡，占地6.1公顷，面对佛兰克·法利（Frank Farley）州立摩托艇码头。这里的综合建筑档墙用大理石板装饰，华丽的大厅里种有棕榈树。

从1940年起，大西洋城每年都在会议大厅（Convention Hall）举行美国小姐游（Miss America Parade）行和露天表演。

现在，大西洋城常住人口约为3.8万，而每年来此旅游的游客却达到3700万人。

❖ 大西洋城赌场

康涅狄格州

(Connecticuit State)

康涅狄格州，面积 1.4 万平方公里，人口 300 多万。多姿多彩的自然风光和悠久的历史，使到这里的游客流连忘返。该州有很多被森林覆盖的山丘、漫长的海岸线、广袤的平原、繁忙的港口。

“康涅狄格”（Connecticut）一词，来自于美国摩希根民族（Mohegan Native）语“quinnehtukqut”，意即“拥有长河的土地”。

康涅狄格州在独立战争前，经济以农业为主；独立战争后，转变成以制造业为主；今天，保险业、银行、飞机引擎、直升机、各式轻武器和核潜艇工业等，成为该州经济支柱。

长岛湾（Long Island Sound）海岸线长 402 公里，很受当地民众和游客喜爱。游客可以在哈莫纳舍（Hammonasset）海滩州立公园里游泳、露营、步行和钓鱼，游客还可在迈斯特（Mystic）海港尝试过着 19 世纪海上的生活。

新天堂（New Haven）

1638 年，英国清教徒（Puritans）定居于新天堂，称这里为昆尼佩克（Quinnipiac），后改称为“新港口”，或者叫“新天堂”（New Haven）。

❖ 耶鲁大学校园风光之一，之二

该市的港口，位于长岛湾（Long Island Sound）。美国海岸警卫队的总部也设在长岛湾。18 世纪中叶，新天堂造船业达到了顶峰。18 世纪中叶以后，新天堂逐渐转变为以制造业为主。

新天堂人口约 13 万。著名的耶鲁大学就在新天堂。该校建于 1701 年。现今，新天堂已从制造业为中心转变为以生物、保健、艺术和娱乐的知识创新型企业为主。

南康州大学（Southern Connecticut State University）、阿尔贝图斯·马格纳斯（Albertus Magnus）学院和社区学院都位于新天堂。这些大学（学院）一般位于西新天堂，昆尼佩克学院在哈姆登（Hamden）附近。

马塞诸塞州

(Massachusetts State)

马塞诸塞州，东濒大西洋，西接纽约州，南连康涅狄格州和罗得岛（Rhode Island），北邻佛蒙特州（Vermont State）和新罕布什尔州（New Hampshire State）。该州面积约 2.4 万平方公里，人口 630 万，是人口比较稠密的州之一。波士顿（Boston）是该州首府。马塞诸塞州夏天酷热潮湿，冬天寒冷多雪。

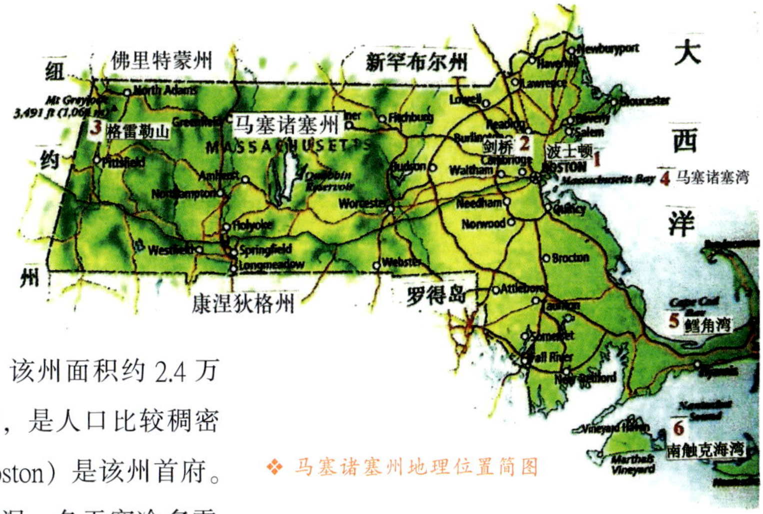

❖ 马塞诸塞州地理位置简图

马塞诸塞州海岸线长达 3924 公里，有众多的港口。该州最高山峰为格雷洛克（Greylock），海拔 1062 米。

波士顿（Boston）

1602 年，英国流浪者在普利茅斯（Plymouth）建立了新英格兰第一个永久性定居点。1625 年，英国牧师威廉·贝列克史东（William Blackstone）在查尔斯河（Charles River）口狭窄的撒麦特（Shawmut）半岛定居下来。这些族群就是马塞诸塞州最早的居民。

1630 年，这些族群定居在迈斯忒（Mystic）河和查里斯（Charles）河之间查尔斯镇（Charles town），但很快他们就跨过河流，到达贝列克史东（Blackstone），建立村落，取名为波士顿（Boston）。

最初，波士顿基本上是为英国移民提供食品和生活用品的地方。17 世纪 40 年代，转向造船和航海贸易。1700 年，波士顿曾是最繁忙的英国殖民地港口。直到 1760 年，这个曾在殖民地中最大的城市，才被费城所超过。

❖ 波士顿港湾风光

❖ 昆士市场

波士顿的经济，在上世纪30年代陷入大萧条，步入了长期的衰退，1960年才开始复苏。波士顿港湾的污染曾非常严重，如今已清除干净。该市是美国东北部银行业和保险业的中心，大约有700家高科技公司设在波士顿。耗资108亿美元的“大挖掘”（Big Dig）工程，被称为美国历史上最庞大最复杂的交通干线的建设工程，于2004年竣工，显著地减少了城市交通拥挤现象。

波士顿有一些具有历史意义的建筑。芬妮伊尔会堂（Faneuil Hall），历史上许多革命会议曾在此举行；约翰·赫考克高楼（John Hancock Tower），60层高，是新英格兰最高的建筑；国家历史公园，位于南波士顿多尔切斯特高地（Dorchester Heights）。

❖ 街角市场

通过波士顿公共绿地旁的自由小道，依次可看到：格瑞利墓地（Granary Burying Ground，1660年），这里存放着与独立宣言三个签署者有关的保罗·里韦（Paul Revere）、波士顿·马萨里（Boston Massacre）受害者和本杰明·富兰克林（Benjamin Franklin）父母的骨骸；原南方会议厅（1729 年）；原州议院、波士顿最古老的公共大厦（1713 年）；波士顿·麻萨里的遗址（1770 年）；芬妮伊尔会堂（1740 年）；昆士市场（Quincy Market）；保罗·里韦住所（约 1680 年）；旧北方教堂（1723 年）。跨越查尔斯（Charles）河，到达查尔斯城海军基地，这里停泊着古老的已退役的 USS 宪法号战舰，最后到达奔克山纪念碑。

在波士顿心脏地区的灯塔（Beacon）山附近，有 15 座国内战争前该市 19 世纪非洲裔美国人社区和波士顿的反奴隶制历史的建筑物，其中包括 1806 年建成的非洲会议厅和美国最古老的非洲裔美国人教堂。

在波士顿，游客可到有 12000 尾鱼和其他水中动物的新英格兰水族馆参观，也可到查尔斯河和波士顿港湾、划独木舟和冲浪（kayaking）。在波士顿港湾各个海岛上的国家休憩区，游客可进行从散步、露营到烧烤野餐等一系列户外休闲活动。观光者也可以乘电梯到达 226 米高的约翰·汉考克高楼顶部的瞭望台上，登高远眺。

❖ 波士顿中国城夜景

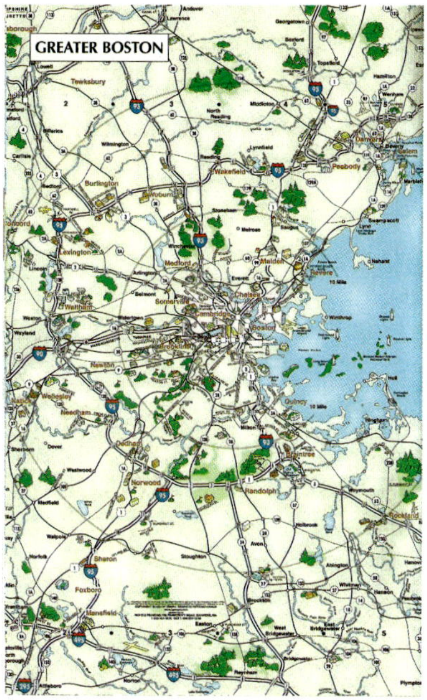

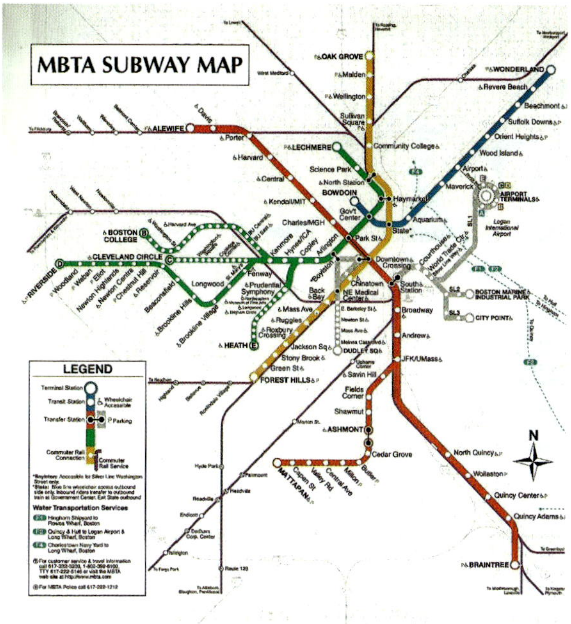

❖ 波士顿与周边地区地理位置图　　❖ 波士顿地下铁道系统简图

艺术爱好者，可以参观波士顿艺术博物馆。正如科技工作者喜爱电脑博物馆或科学博物馆一样，体育爱好者可以去1912年建成的芬威公园（Fenway Park），看波士顿红袜（Red Sox）棒球比赛、凯尔特（Celtics）篮球比赛，或去费列特中心（Fleet Center）看布鲁斯（Bruins）冰球比赛。波士顿每年的马拉松(Marathon)比赛，在4月第3个星期一举行。圣·帕特里克日（St. Patrick’s Day），每年3月17日举行，这是每年最盛大的庆祝集会之一。7月4日，是美国国庆日，这天，许多波士顿人，带着中餐，去查尔斯河岸观赏波士顿管弦乐队流行音乐的演出。

波士顿洛根（Logan）国际机场，是新英格兰航空旅游中心。这里有从纽约到波士顿的铁路，还有几条快速公路。波士顿有5条地下铁道系统。有F1、F2和F4等航运码头，把陆地和海岸社区与度假村联系起来。

剑桥（Cambridge）

剑桥东邻波士顿，人口10万。1636年，这里建立了北美第一所学院，学生9人，老师1人。1639年，学院以主要捐资人、英国牧师约翰·哈佛（John Harvard）而命名。很多清教徒（Puritans）在这里接受教育。

❖ 哈佛大学图书馆外景

❖ 哈佛大学校门

❖ 约翰·哈佛雕像

自从1636年在剑桥建立的该国最古老的哈佛学院（Harvard College）以来，在马塞诸塞州已经建立了100多所学院和大学，其中著名的两所大学是哈佛大学（Harvard University）和麻省理工学院（the Massachusetts Institute Of Technology 简称 MIT）。

1639年，史蒂芬·地（Stephen Daye）带着美国第一部印刷机来到这里，建立剑桥（Cambridge）印刷厂。1775年7月3日，乔治·华盛顿指挥在剑桥的大陆军队，从布拉托街（Brattle Street）包围波士顿。在这条街上，有诗人亨利·华兹华斯·朗弗罗（Henry Wadsworth Longfellow）的住所。现在，住所已成为朗弗罗国家历史遗址（Longfellow National Historic Site）而得到保护。现今，除了高等教育之外，剑桥还是科研、商业咨询和高科技中心。游客值得一去的还有哈佛广场（Harvard Square）和邻近的老剑桥（Old Cambridge），这里有哈佛大学（the Harvard Unversity）的文化和自然历史博物馆，以及麻省理工学院博物馆。

❖ 麻省理工学院

佛罗里达州

(Florida State)

佛罗里达州，面积约 15.5 万平方公里，是美国第 22 个大州，也是美国东南部最大的一个州。人口约 1600 万。佛罗里达州是一个低洼地的大半岛，北接佐治亚州（Georgia）和亚拉巴马州（Alabama），并被东面大西洋（Atlantic Ocean）和西面墨西哥湾（Gulf of Mexico）所环绕。从比斯坎湾（Biscayne Bay）到干龟岛（Dry Tortugas）是一条长长的岛链。沙堡海角（Cape Sable）是美国大陆的最南端，而基维斯特（Key West），则是美国最南端的城市。

佛罗里达州有美国最长的海岸线，并且气候宜人。佛罗里达州绝大部分地区，属潮湿亚热带气候。半岛的南端，属热带气候。该州很重视保护水陆野生动物。大沼泽地国家公园（Everglades National Parks）是美国规模较大的国家公园之一。此外，该州还有几十个州立公园。

佛罗里达州历史悠久，历代的城堡、碉堡和其他古迹甚多。佐安·庞斯·德·里昂（Juan Ponce De Leon’s）的青年喷泉（Fountain of Youth），是游客爱去的场所。塔拉哈西（Tallahasee）是州府办公场所。彭沙科拉（Pensacola）和圣·奥古斯丁（Augustine）附近的几个城市是美国最老的城市。每年到奥兰多（Orlando），特别是沃特·迪斯尼世界（Walt Disney World）的游客有几百万人。

奥兰多（Orlando）

❖ 奥兰多 EPCOT

奥兰多，人口约 19 万，盛产柑橘，离卡纳维拉尔角（Cape Canaveral）80 公里。奥兰多经济，主要依靠一些主题公园参观、召开大型会议、航天设备制造和电子元件制造等。

该市有三个较大的主题公园：瓦特·迪斯尼世界（Walt Disney World）、海洋世界（Sea World）和佛罗里达环球影城（Universal Studio Florida）。

沃特·迪斯尼世界，由魔术王国（Magic Kingdom）、动物王国、明天标准社区 EPCOT（Experimental Prototype Community of Tomorrow）、迪斯尼 MGM 演播室（Studio）、高尔夫球场、水上公园、露营区、野生动物保护区、宾馆、餐馆、夜总会所组成，总面积为 13340 公顷。

海洋世界，由一座 61 公顷的海洋公园组成。

佛罗里达环球影城，占地 180 公顷，划分为若干区域，如：声响舞台、表演、骑马、文娱活动、夜总会和环球影城等。环球影城所在的岛屿面积 45 公顷。

❖ 游行队伍中的米老鼠

❖ 迪斯尼 MGM 演播室玩具故事游行

❖ 踩高跷的米老鼠

整个地区的公园、湖泊和河流，给户外活动和文化活动提供了充分的场所。每年4月，这里都举办奥兰多莎士比亚节（Orlando Shakespeare Festival）。

为避免各主题公园和旅馆在交通高峰期间堵车，沃特·迪斯尼世界提供了快车服务（Fastpass program），以减少排队，节约时间。

卡纳维拉尔角（Cape Canaveral）

❖ 美国国家宇航局

❖ 航天飞机（模型）

卡纳维拉尔角，又称“太空海岸”（Space Coast）。由于肯尼迪宇航中心（Kennedy Space Center）位于此而闻名于世。肯尼迪宇航中心在梅里特岛（Merritt Island）上。现今，每年都有成千上万的旅游者前来中心旅游观光。

在火箭、导弹和卫星的试验发射中心（Spaceport USA），有一座火箭花园（Rocket Garden），花园里展示每一级火箭结构。这座花园，至今仍是气候和卫星发射的基地。许多航天器都有按原有尺寸大小制作的模型，陈列在航天陈列室（Gallery of Space Flight）内。

在梅里特岛国家野生动物保护区（Merritt Island National Wildlife Refuge）内，各种海鸥、水鸟、两栖动物和鳄鱼和谐相处。这个保护区面积56700公顷，里面有长10公里的黑点野生动物车道（Black Point Wildlife Drive）和若干条天然小路，游客可免费入场参观。

❖ 展览大厅展出的航天飞机（模型）

❖ 星空天像图

❖ 野生动物保护区的鳄鱼、猿猴、驼鸟与长颈鹿

❖ 野生动物保护区的水鸟、野牛和羚羊

卡纳维拉尔角海岸（Canaveral National Seashore），长21公里。在这里，常年有海豚和海牛表演。苍鹭、白鹭、朱鹭、白羽鹬（willet）、小矶鹞（sanderling）和喜欢在石头上觅食的海岸鸟(turnstone)和燕鸥，每年5-8月间，都喜欢在这里安家筑巢。

有执照的露营者，允许冬天在这里露营，并且可沿着喜帕牙岛（Shipyard Island）沼泽地的小河道划着独木舟航行。

劳德代尔堡（Fort Lauderdale）

由于航道纵横交错，劳德代尔堡作为美国“威尼斯”（Vence of America）而闻名。该市人口约15万。劳德代尔堡位于佛罗里达著名的黄金海岸，距离迈阿密（Miami）37公里。现今，商业、高科技产业和旅游业是劳德代尔堡的经济支柱。

由于约有37公里的海滩、483公里可通航的河道以及众多的河流、运河港湾，大大小小的船舶经常穿梭于劳德代尔堡各条航道之中，有时多达4万条，令人惊叹！劳德代尔堡被称为世界快艇之都，很多家庭都拥有私人船只。埃弗格雷斯港（Port Everglades）是劳德代尔堡最深的港口，也是世界上豪华游轮的第二个大港口，每年由此乘船的旅客超过100万人。

各种样式的船舶都可租用；公用的钓鱼码头也容易找到。潜水地点在海滩上排列成行；公用的潜水处在梅赛德斯1号（Mercedes I）。

沿着新河（New River）巡游的游轮里，有各种体育设施：网球、游泳、钓鱼，可供游客选择。蝴蝶世界，虽只是1公顷的热带花园，但却有150多种蝴蝶在此安家。磅尼特之家（Bonnet House）是一片14公顷的古老种植园，园里的斯特拉罕房屋（Stranahan House）于1901年建成，现是佛罗里达南都拓荒者博物馆。

劳德代尔堡的漫步海滩（Beach Promenade）是旅游的中心地带。开车或步行沿着狭长地带漫游，是游客每晚最喜爱的活动。5公里长的好莱坞海滩木板路（Hollywood Beach Boardwalk）吸引着众多的游客。

迈阿密（Miami）

迈阿密，位于佛罗里达东南角大西洋岸边。人口约37万，居民以说西班牙语和拉丁美洲语系的居多，此外还有不少古巴后裔和20世纪70年代以后移民来的海地人，因此这座城市也有小哈瓦那（Little Havana）和小海地（Little Haiti）之称。在这里，街道名称都用西班牙语和英语所标示。萨尔萨（Salsa）音乐响彻云霄；雪茄烟（cigar）的芳香飘逸四方。现今，迈阿密经济是以旅游、银行、制造业、捕鱼和信息产业为主导产业。

迈阿密有许多博物馆、美术馆和剧院。意大利文艺复兴式建筑——比斯开博物馆（Vizcaya Museum）和位于弗吉尼亚沙州（Virginia Key）的水族馆（Seaquarium），都是游客值得一去的地方。在水族馆里，观光者可与海豚一起游泳，观赏它们的表演。这里还有一座占地 14 公顷的大型水族馆，里面饲养着许多鲸鱼和海狮。

迈阿密是豪华游轮工业的中心。迈阿密海港是游轮和各种货运船舶频繁出入的港口。

内华达州

(Nevada State)

内华达州，素有“银州”（The Silver State）之称。州府在卡森市（Carson City）。人口约 200 万，面积 286369 平方公里。州内有渺无人烟的沙漠和未被开发的荒芜土地，是美国第七个大州。

内华达州境内有 300 多座锯齿状的山峰，其中，边界高峰（Boundary Peak）海拔 4008 米。在沙漠地带，仙人掌、洋苏叶、丝兰等植物生长茂盛。内华达州，亦是鹿、羚羊、山猫、兔子、响尾蛇的栖息地。

拉斯韦加斯（Las Vegas）

拉斯韦加斯拥有世界著名娱乐场所。现在，每年有世界各地几百万旅客到此旅游、观光。

拉斯韦加斯，是美国比较干热的城市之一，同时，它又是比较富有的城市之一。

❖ 巴黎宾馆（赌场）夜景

❖ 威尼斯运河沿岸的风光

该市以它与众不同的富有想象力的建筑艺术，突出雄伟铺张的主题。这些建筑，和阿拉丁（Aladdin）、巴黎（Paris）、威尼斯（Venice）、纽约（New York）等城市一样，雄伟漂亮。

巴黎-拉斯韦加斯宾馆-赌场的巨型景观，在巴黎-拉斯韦加斯的艾菲尔（Eiffel）铁塔之中。游人踏着鹅卵石街道，可进入该市最早的法国餐馆用餐。游客也可乘坐运河上大型平底船，到达威尼斯赌场以及其他华丽的赌场参观。

在贝拉吉奥赌场的底层，有令人眼花缭乱的韦亚·贝拉吉奥（Via Bellagio）迷宫。在贝拉吉奥艺术走廊和温室里面有毕加索（Picasso）、莫奈（Monet）等大师画作。面积超过1140平方米的植物花园，常年郁郁葱葱。

20世纪80年代，企业家史提夫·怀恩（Steve Wynn）建造了海市蜃楼（Mirage）宾馆-赌场，而珍宝岛（Treasure Island）则是其附属建筑，以火山爆发时的烟雾景象装饰，并以文娱节目提升其梦幻般气氛，可与迪斯尼乐园相媲美。而齐格弗里德（Siegfried）和罗伊（Roy），在海市蜃楼宾馆-赌场附近。

❖ 阿拉丁宾馆—赌场入口大门（上左），内部人造天空（上右）、大排档（下左）和夜景（下右）

埃及金字塔、凯撒大帝皇宫（Caesar’s Palace）、MGM宾馆-赌场和伊克兹卡里卑（Excalibur）宾馆-赌场，使经过拉斯韦加斯大道（Las Vegas Blvd.）与热带大街（Tropicana Avenue）的交叉路口的行人，驻足观看，流连忘返！

凯撒大帝皇宫-赌场，有上百个引人注目的穿着宽衣的女服务员，气氛温馨；大厅里的雕像栩栩如生，令人惊叹不已，它那绚丽豪华的圆柱形门廊宏伟壮观！

在纽约-纽约（New York-New York）宾馆-赌场，游客可乘坐过山车（roller-coaster）穿越大苹果（Big Apple），或者乘坐曼哈顿快车（Manhattan Express），快速通过12座摩天大楼、自由女神雕塑像和很多人行道的中央公园。

入夜，拉斯维加斯大道，喷水池水柱和霓虹灯闪烁形成的绚丽多彩的壮观景象让游客流连忘返。众多的激光光束，使这条大道闪耀亮丽，变化无穷。

帝国皇宫汽车博物馆（Imperial Palace Auto Museum），有许多令人惊叹不已的车辆藏品，包括：阿道夫·希特勒（Adolf Hitler）曾驾驶过的梅赛德斯-奔

❖ 凯撒大帝皇宫—赌场夜景

驰(Mercedes-Benz)汽车、约翰·肯尼迪（John · Kennedy）总统乘坐的高级奔驰轿车。

饱览这座城市美景的最好途径，是从麦克卡朗（McCarran）国际机场出发，乘坐30分钟的观光直升机。另一个方式，就是乘坐G-力电梯，到达350米(Stratosphere）高塔顶部。该塔是密西西比河（Mississippi River）西部最高建筑。

近10年来，拉斯韦加斯不断发展扩大。现在，该市宾馆就有12万个床位。

❖ 凯撒大帝皇宫–赌场大厅内雕像

胡佛大坝及发电站（Hoover Dam & Power Plant）

由内华达州和亚利桑那州共同管辖的草原湖泊（Lake Mead）国家休憩区 NRA，是美国西南部最热和最干燥的地区，该地区有莫哈韦（Mojave）、大盆地（Great Basin）和索诺兰（Sonoran）3 个大沙漠。该地区的科罗拉多河（Colorado River）长约 225 公里，沿着拉斯韦加斯以东、亚利桑那—内华达交界处而过。它同名的水库，长约 185 公里，水库岸线长 885 公里。国家休憩区 NRA，从大峡谷国家公园的边界，一直延伸 108 公里到下游的胡佛大坝。旅游观光者，喜欢到科罗拉多河水库及沿岸划船、露营、钓鱼、徒步旅行和驾车沿途观光。

草原湖泊国家休憩区 NRA，常年对游客开放。

胡佛大坝及发电站，1931 年开始兴建，1936 年建成。它被用来防洪和发电。胡佛大坝横跨黑色峡谷，坝高 221 米，是目前世界上最高的大坝，年发电量 40 亿千瓦时，主要用来满足亚利桑那州、内华达州和南加州的电力需求。除了感恩节（每年 11 月第 4 个星期四）和圣诞节外，大坝上每天都有游客观光。

❖ 胡佛大坝及发电站（上、中、下）

卡森市（Carson City）

内华达首府卡森市，位于希拉–内华达山脉。

卡森市，海拔 1400 米，人口约 5.4 万人，面积约 374 平方公里。平均温度：夏天 31.7℃，冬天–7.2℃，日照时间：年平均 266 天。

卡森市保留了许多维多利亚式的建筑。观光者沿着卡森街，可以观赏历史街区。

该市最好的观光地点是幽灵漫步（Ghost Walk）。在这里，游客可追溯当年淘金者的历史。其北面，就是著名的内华达州博物馆，这里以前是美国钱币厂，博物馆展品是一些人工制品和 19 世纪的钱币。观光者沿着地下通道，沿途参观矿场、自然历史展品、印第安人篓筐、钱币压制机等。

❖ 卡森市历史古迹分布图

州议会大厦和博物馆，有许多历史文物、雕像等展出。酿酒技艺中心于 1864 年重修，宏伟壮观，现在这里还有表演艺术中心、陶器生产作业室和美术馆。

内华达州首府，曾坐落在卡森街上，里面有一座重要的档案馆。内华达州铁路博物馆藏有一些货运车辆和蒸汽机车的展品。

弗吉尼亚市（Virginia City）

弗吉尼亚市，人口稀少，只有 900 人，与内华达州荒凉的西部紧紧相连。

到该市观光，游客都喜欢光顾位于该市主要干道 C 街马克·吐温（Mark Twain）书店，书店终年营业。马克·吐温博物馆主要收藏维多利亚式印刷机械、桌子等家具、设备。The Way It Was 博物馆，是一座用于收藏和展览堪斯托克印

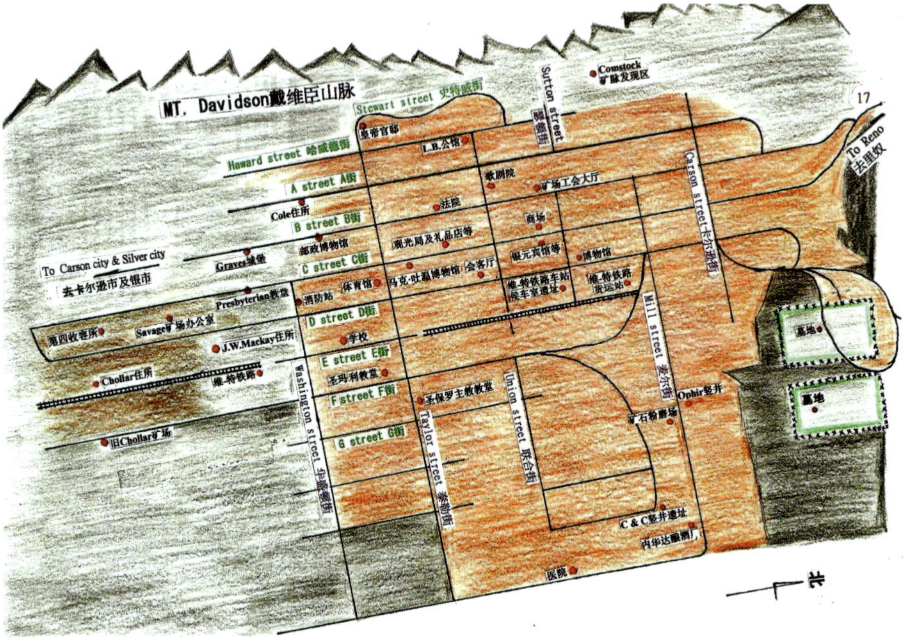

弗吉尼亚市街道简图

弗吉尼亚市标志

弗吉尼亚市的金矿及原工场

刷文物的博物馆。该市无线电博物馆，陈列着大量古老的无线电藏品。许多观光者都喜欢从比彻（Becher）矿场的大厅后面开始观光，缓慢地前往上述地方参观。

1875 年，一场大火烧毁弗吉尼亚市大部分地区，只有几间历史性、用砖头建造的房屋在大火中幸存下来，其中，麦卡住所（Mackay Mansion）就是其中之一。该住所由约翰·麦卡（John Mackay）建造，他曾是弗吉尼亚市最富有的人，也是大富矿的矿场业主。在该市 B 街，还有闻名的哥特式大厦，游客也值得一看。

雷诺（Reno）

❖ 亚特兰大宾馆

❖ 亚特兰大宾馆–赌场灯饰

雷诺，这座被誉为“世界上最大的小城”，沿州际高速公路 I–80 延伸，与斯巴克斯（Sparks）相邻，众多赌场散落其中。雷诺与斯巴克斯的总人口约 30 万。

雷诺在内华达西北角，靠近旧金山等城市，许多人喜欢到这里博彩或休闲。一些年轻人喜欢到雷诺，在一种旅行（drive-in）结婚教堂登记结婚；也有一些人在这里申请离婚，因为这里法律对离婚有一些特殊的规定，判决离婚后，男女一般都把结婚戒指投入特拉基河中。

在雷诺，有几处很有价值的景点，如国家汽车博物馆，馆内展出许多古老汽车；弗雷许曼（Fleischmann）天文馆，有凝视星空的奇异景象的望远镜。

金字塔湖（Pyramid Lake）

❖ 金字塔湖

金字塔湖，位于雷诺东北方，是一个远离沙漠的地方，是古代拉洪坦（Lahontan）湖现存最大的残留湖。金字塔湖长约 24 公里，宽约 17.6 公里，最深 107 米。现今，地球上只有两个这样的湖泊，另一个就是南美的帝凯(Titicaca) 湖，史前的呵吸鲤（Cui-ui），就在这里被人们发现。现在，世界上最好垂钓巨型鳟鱼湖泊就是金字塔湖。据记载，在这里捕获的最大鳟鱼，重达 18.6 公斤。

在金字塔湖观光，人们喜爱的活动有钓鱼、野餐、徒步旅行和探险。

爱达荷州

(Idaho State)

❖ 爱达荷州地理位置简图

爱达荷州，面积约 22 万平方公里，人口 130 万。东接蒙大拿州（Montana State）和怀俄明州（Wyoming State），西邻华盛顿州（Washington State）和俄勒冈州（Oregon State），南连内华达州（Nevada State）和犹他州（Utah State），北接加拿大英属哥伦比亚（B.C.）省，是美国西北部山脉最多的州。由于大陆山脉的分隔，有约 5000 公里的河流流经该州东部，冲积成众多深壑的山谷和一片片平地。爱达荷州还是黑熊、狼、驼鹿、麋、海狸、水獭和鹗等的栖息之地。爱达荷州是美国马铃薯最大的产地，在蛇河流域盛产谷物和牛羊等牲口。

爱达荷瀑布市（Idaho Falls）

瀑布市，人口 4.4 万，是爱达荷州最大城市，位于州际公路 I-15 两旁，是游览月亮（Moon）国家古迹、太阳谷地（Sun Valley）、大提顿国家公园（Grand Teton National Park）和蛇河湍滩（Snake River’s rapids）的出发地。该市有众多的牧场和富饶肥沃的农场。

❖ 爱达荷瀑布市河畔景观

犹他州

(Utah State)

犹他州，人口2200万，面积22万平方公里，是美国第十一大州。

犹他州，是一个景色鲜明、国家公园密度最大的州。该州属高海拔的沙漠气候，雨水稀少。

瓦萨奇山脉（Wasatch Range），把犹他州劈成两半。这高高的山脉，是狮子、骡鹿、驼鹿和麋的天堂；冬天，积雪的山坡，是滑雪爱好者的圣地。

科罗拉多高原，延伸至该州东南角，这里无人居住。该州的红岩石峡谷则是野生动物迁徙的通道，也是游客户外活动的好去处。穿过科罗拉多高原，就是著名的科罗拉多河（Colorado River）和绿河（Green River）。

❖ 犹他州各主要景点

州政府所在地盐湖城（Salt Lake City）在沙漠地带的西北方。1847年，摩门教（Mormon）教父杨伯翰（Bingham Young）带领着宗教开拓者，从美国中部，穿越红漠高原，历经千辛万苦，来到这里。这些宗教开拓者移民到大盐湖地区后，把这贫瘠的地域改造成富饶的农田。1870年，新的淘金人潮纷纷拥向犹他州山脉，开采黄金和白银。20世纪初，在该州发现了铜矿、石油、银矿和铀矿，这些都给该州经济带来了繁荣。

盐湖城（Salt Lake City）

自1847年以来，盐湖城就一直是西部的中枢、犹他州的中心和州府所在地。盐湖城海拔1321米。人口17万多，这里曾成功举办了2002年冬季奥运会。盐湖城软件和医药工业基础雄厚，已经成为西部快速成长的大都市之一。

❖ 盐湖城犹他州政府大楼

摩门教圣殿（Mormon Temple）

随着餐馆业和商业的发展和街道的美化，盐湖城吸引了大批商人和旅游观光者，他们接踵而至。尽管该市的现代化气氛越来越浓，但它的城市面貌仍然保持着很多摩门教城市的特征，还是设计成简单的方格形，并指向四个方块中的近代摩门圣殿（Latter-day Saints Temple）。

圣殿广场（Temple Square）是盐湖城的心脏。摩门圣殿里有著名的神龛（Tabernacle）和巨型管风琴。在圣诞节期间，一排排耀眼的圣诞灯光，照耀着摩门圣殿的6个塔尖，圣殿唱诗班的优雅

❖ 杨伯翰青铜雕像

❖ 盐湖城摩门圣殿

❖ 大盐湖（盐湖水密度为海水 7 倍）

歌声，引人注目，每天约有 6000 多观（听）众前来观赏。

在圣殿街北端，则是雄伟漂亮的州政府。圣殿南面是蜂房屋（Beehive House），这里曾是杨伯翰的住所和办公室。圣殿西北面的家庭历史图书馆，是目前世界上最大的族谱陈列馆，观光者可从这里查询自己家族的历史。图书馆的隔壁，是圣殿历史和艺术博物馆。

盐湖城还向游客提供滑雪运动的场地和设施。从市中心驱车到滑雪场约 1 小时，给滑雪爱好者提供服务的度假村有阿尔达（Alta）、雪鸟（Snowbird）、布莱顿（Brighton）和孤独（Solitude），这些度假村都在大三叶杨峡谷（Big Cottonwood Canyon）附近。

肯尼科特宾厄姆峡谷铜矿（Kennecott's Bingham Canyon Mine）

犹他州肯尼科特宾厄姆峡谷铜矿（简称宾厄姆铜矿），是世界上最大的露天开采的铜矿，位于盐湖城西南方奥克尔山脉（Oquirrh Mountains）45 公里处。

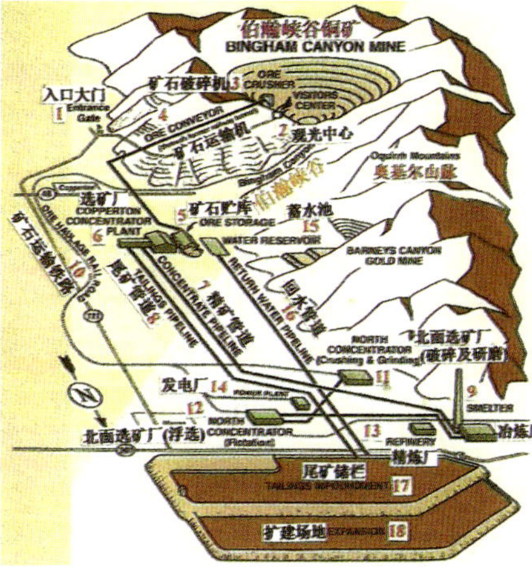

❖ 宾厄姆峡谷铜矿平面图

现在，宾厄姆铜矿像一个巨型“大碗”。自 1906 年以来，这里的露天开采的矿石，已达 60 亿吨，铜矿每年生产精铜约 32 万吨，还生产大量的钼、金和银。

宾厄姆铜矿职工有 2300 多人。整个矿场，有矿石运输、精选厂、冶炼厂、精炼厂、发电厂等部门。

❖ 宾厄姆峡谷露天铜矿照片

国家恐龙古迹公园（Dinosaur National Monument Park）

国家恐龙古迹公园，也即犹他州侏罗纪公园（Jurassic Park），面积 855 平方公里。公园里发现有 1500 多件恐龙骸骨的化石。

国家恐龙古迹公园，不但给古生物学家提供理想的研究场所，也给观光者提供了 3 处石场进行探索。国家恐龙古迹公园全年对外开放。

❖ 犹他州恐龙古迹中心

❖ 恐龙古迹中心内部的恐龙化石

拱门国家公园（Arches National Park）

拱门国家公园，是世界上最大的天然砂岩拱门。尽管该公园比美国西南部其他公园都小，但拱门却是陡峭宏伟的庞然大物。位于科罗拉多高原（Colorado Plateau）心脏地带，海拔在 1220~1647 米之间的这座公园，给观光者留下了极为深刻的印象。

这里的1500多座拱门，是由于盐渍沉淀物的移动、破裂和撞击砂岩而形成的。这些砂岩，被腐蚀成一系列的拱门和独石柱。不断地侵蚀，使多层岩层改变形状和剥落，给沙漠的动植物提供了繁殖和栖息地。拱门公园年平均降雨量仅为22厘米，但植物也能生存，且生长得很好。

落基山兰花（Columbine）、猴子花和当地的三叶杨（cottonwood），在国家公园内沿着河边生长。公园的盐谷地（Salt Valley）有许多稻草状的灌木丛，里面有四季生长的饲草（galleta）和拳参。

袋鼠、野兔和松鼠，时常在国家公园内穿越，寻找食物。黄昏时，北美洲恶狼（coyote），偶尔出没觅食。天空中的金鹰，非常优雅地在浅蓝色的天空盘旋飞翔！

有7条道路可穿越拱门国家公园。公园向游客提供了极好的观光点：众多的法院塔（Courthouse Towers）、天平岩石（Balance Rock）、美妙拱门（Delicate Arch）和魔鬼花园（Devil' s Garden）。旅游观光者可以驱车通过该公园，或者把观光中心作为起点，沿着步行小路旅行。

公园中心以北11公里处，是所谓温都区（Window District）。在双拱门，这里有许多非常美妙的石化沙丘和拉萨尔山丘（La Sal Mountains）。双拱门位于公园内的最高点。

穹隆（Cove Arch）拱门附近，因特里达（Entrada）和纳瓦荷（Navajo）砂岩，都已形成了鳍状基岩，尤以伊登花园（Garden of Eden）而著称。天长日久，该地区将会进一步被侵蚀，把这些鳍状的岩石刻蚀成各种拱门的框架形状。

旅游观光者，在到达著名的盐谷（Salt Valley）之前，可以观赏公园的全景。在优雅拱门小路（Delicate Arch Trail）的岔路口上，有一座沃夫农场（Wolfe Ranch），这座农场是由拓荒者约翰·韦斯里·沃夫（John Wesley Wolfe）所创建的。在优雅拱门小路尽头，有一座美妙拱门，这是拱门国家公园最值得拍照留影的地方。

❖ 拱门国家公园的奇特拱门和独石柱

在魔鬼花园区，有60多座天然拱门。沙丘（Sand Dune）、断裂（Broken）和第帕斯特里拱门，都在双环形

(double O)、纳瓦荷（Navajo）和风景（Landscape）拱门之前的环形路上。靠近灌木丛峭壁顶部，便是风景拱门，跨度 27 米，高 89 米，是国家公园跨度最大的拱门。

拱门国家公园的宿营地，都在魔鬼花园内，包括屋车在内，共有 53 处，全年对游客开放。

峡谷地国家公园（Canyonlands National Park）

❖ 峡谷地国家公园

峡谷地国家公园，面积 1365 平方公里，公园内有许多错综深谷的小路、拱门、高原和岩洞。

峡谷地是犹他州最大的国家公园，位于绿河（Green River）和科罗拉多河（Colorado River）交汇处。从摩押（Moab）进入公园，游客可把米萨拱门、螺旋形小路和深谷等风光尽收眼底。驻足远眺，拉萨尔山脉（La Sal Mountains）雪峰隐约可见。

鲍威尔湖（Lake Powell）

鲍威尔湖有美国最美丽的人工湖之称。

❖ 鲍威尔湖

羚羊彩穴（Antelope Slot Canyon）

有“奇幻世界”之称的羚羊彩穴，貌若天仙，真是人间仙境！

❖ 羚羊彩穴风光

布莱斯峡谷（Bryce Canyon）

布莱斯峡谷国家公园有着鲜明的地质特征。浓密的松树林奇观，布满灰蒙蒙的石灰石墩柱的小路。有奇形怪状之称的“岩石墩柱群”（hoodoos），由14个巨大的圆形凹地所构成，形成的景观成“之”字形，总长约32公里。该岩石墩柱群，深陷在庞沙冈特高原（Paunsaugunt Plateau）之下305米处。布莱斯峡谷，于1923年被列为国家遗址公园，并以摩门（Mormon）农场主埃比尼泽·布莱斯（Ebenezer Bryce）命名。此人曾在岩石山岗上饲养牲口。

从地质学上看，布莱斯峡谷的形成始于50万年前，经过冰冷的冬天和炎热夏天的风吹雨淋，每100年剥去砂岩40厘米。游客从太阳升（Sunrise）、天生桥（Natural Bridge）和彩虹点（Rainbow Points）等景点，可以看到从沙漠原始状态直到烧焦状的橙黄色。有些还成为暗淡紫色的岩石的转变状态。

❖ 布莱斯峡谷国家公园多姿多彩的岩石墩柱群（上、下）

❖ 岩石墩柱群一角

❖ 岩石墩柱群之间小径景观（中、右）

布莱斯峡谷有 29 公里长。通过峡谷中的其他小路，还可观赏到古老的缠绕树林和断层平移岩石的风光。

峡谷观光中心，设在公园北面入口、仙境峡谷（Fairyland Canyon）的南面 1.6 公里处。

在冬天，布莱斯峡谷的天然柱墩，被厚厚的白雪覆盖，非常壮观！古老的圣诞树，在整个公园内随处可见。

锡安国家公园（Zion National Park）

锡安国家公园，位于犹他州西南部，是该州最古老的荒野，公园内有一大片鸟兽禁猎区。

锡安国家公园有引人入胜的巨大岩石以及被处女河（Virgin River）所切开的裂缝。锡安国家公园里有各种植物分布，维珍河堤岸有许多历史遗迹。游客在公园内可领略谷地沙漠的各种景色，观赏白色大宝座（Great White Throne）、大主教庭院（Court of the Patriarchs）和天使着陆等建筑

❖ 锡安国家公园的松树与鸟兽禁猎区

❖ 锡安国家公园出入口

物的结构。神秘大峡谷（Hidden Canyon），奔流的河水，突然倾泻在岩石上面，景色十分壮观，令人惊叹不已！

去锡安国家公园观光，有两个主要入口：一是锡安峡谷观光者中心（Zion Canyon Visitor Center）；二是科罗布峡谷（Kolob Canyons）的北面大门。

锡安国家公园全年开放。炎热的夏季，这里更是游人如织。

亚利桑那州

(Arizona State)

亚利桑那州，位于美国西南部，面积 294333 平方公里，人口 5130632，是美国第 6 大州。1912 年 2 月 14 日，亚利桑那成为美国一个州。

亚利桑那州以沙漠、山脉、谷地、高原和峡谷闻名。气候终年干热。远在 2 万年前，亚利桑那就有人类居住。20 世纪，亚利桑那经济主要依靠牲畜、红铜、棉花、柑橘等。该州的胡佛大坝及发电厂，是美国最大的混凝土工程之一。

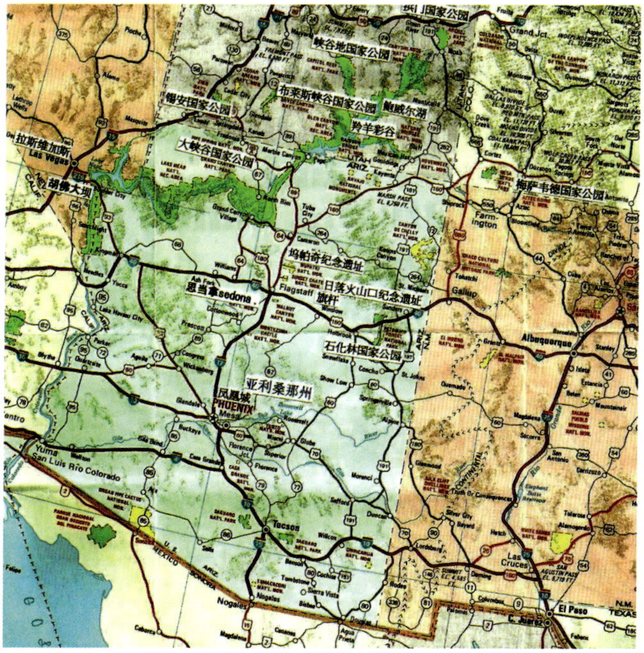

❖ 亚利桑那州景点简图

大峡谷国家公园（Grand Canyon National Park）

亚利桑那州科罗拉多大峡谷（Grand Canyon），北靠犹他州（Utah），东邻内华达州（Nevada）。这个在地壳表层被侵蚀形成的大峡谷，长446公里，宽平均16公里，从谷顶到河面深达1830米。如此之深的悬崖峭壁，揭示出地层岩石表面2.5~25亿年变化的历史。如果步行或骑骡子到谷底，往返需2天；如果乘木筏旅游整个峡谷，需时两星期。大峡谷具有丰富的生态多样性。

现在，每年平均有500万观光者来此观光。其中春、夏、秋季游客较多；冬季则游客很少。

❖ 大峡谷风光一角（上、下）

大峡谷南面山丘，海拔都在2135米以上；北面山丘，海拔都在2440米。一年四季气温较低，任何时间，都有可能下雪。然而，在大峡谷，夏日温度可能达到49℃。

❖ 史东娜街景

❖ 在玻璃桥上观赏大峡谷

史东娜（Sedona）

史东娜是个艺术家社区，位于橡树溪峡谷（Oak Creek Canyon）红砂岩景区内，周边由椰树林所环绕，是亚利桑拿州最早的旅游、休闲、度假和艺术中心。这里气候温和，很多亚利桑拿州居民和观光者，都喜欢移居到这里。

到史东娜旅游最吸引人的项目有游泳、骑马、钓鱼、徒步旅行，以及在山路上骑自行车和驱车观赏红砂岩的水景。高尔夫球和网球场地，则全年对游客开放。

坞帕奇与日落火山口国家遗迹公园（Wupatki and Sunset Crater National Monuments）

在坞帕奇国家遗址公园，有数百座被很好地保存下来的印第安人住房（pueblos），有的住房位于悬崖峭壁上。公园占地14277公顷。

日落火山口国家遗迹公园在坞帕奇南面。其中的两处遗迹，都由人工铺设的道路连接。日落火山口的火山，呈圆锥形，高度为305米。游客可以在这里露营。

❖ 坞帕奇国家遗址风光

除圣诞节外，这两个公园全年都对游客开放。要注意的是日落火山口(Sunset Crater）常常与流星火山口（Meteor Crater）混淆。流星火山口深 153 米，宽 1.6 公里。

石化林国家公园（Petrified Forest National Park）

石化林国家公园，位于亚利桑那州东北部，占地 37881 公顷。它是世界上面积最大和数量最多的木化石（petrified wood)。除化石之外，该公园保存着许多历史构筑物和考古遗址。

在 2.5 亿至 2 亿年前，亚利桑那州东北部的科罗拉多高原靠近赤道，到处都是热带森林。木化石就是这期间气候的化石证据。

夏天，石化林国家公园天气炎热，温度为 30℃以上；冬天，白天温度在 4~10℃。公园内没有公共交通。

除圣诞节外，石化林国家公园全年开放。

❖ 石化林国家公园的木化石（上、下）

科罗拉多州

(Colorado State)

科罗拉多州，面积 269619 平方公里，是美国第八个大州，人口 430 万。该州东部是一个大平原，适于耕种；西部，就是著名的落基山脉。

对银、金、锌、煤和铀矿的开采是科罗拉多州经济的主要支柱。该州旅游观光业也很发达。

科罗拉多州的高山乡村、米萨·韦德（Mesa Verde）和落基山国家公园，都对观光者具有很大的吸引力。

落基山国家公园（Rocky Mountain National Park）

❖ 山顶上的野鹿及野牛

❖ 落基山国家公园地形简图

落基山国家公园，位于科罗拉多州中部的北面，在丹佛西北方约129公里处。

落基山国家公园内小路很多，风景如画，全长约571公里。公园横跨3个气候带，有极其丰富的动植物种群。旅游观光者可以环游公园内的针叶树森林、山村和牧场，欣赏竞相争艳的各种野花。

公园里的冰河谷地和高山湖泊，是麋、驼鹿、骡鹿、黑熊和大角羊等野生动物的栖息地。公园里有许多漂亮的山峰，海拔超过4270米，大松树、白杨、冷杉形成了茂密的树林，徒步旅行者可以沿着小路细细观赏。

❖ 作者与夫人登上山顶最高点（海拔3659米）

弗德台地国家公园（Mesa Verde National Park）

18世纪西班牙探险家，来到柯特兹（Cortez）北面15公里处的弗德台地探险，发现了弗德台地。1906年，美国国会把弗德台地确定为国家公园。

弗德台地国家公园是一个美国考古遗址公园。公园位于亚利桑那州、新墨西哥州、科罗拉多州和犹他州四州交界处，环绕杜洛斯高原（Dolores Plateau）、孟柯斯谷地（Mancos Valleys）和芒地朱玛谷地（Montezuma Valley），有大约4000多个保存完好的遗址，其中就包括所谓的普韦布洛（Pueblo）遗址。

弗德台地国家公园占地210平方公里，峰顶海拔2614米。在公园里有一瞭望台（Point Lookout），在瞭望台上可眺望拉帕良他（La Planta）和威尔逊（Wilson）山脉以及杜洛斯等山峰的远景。帕拉特尔和里奇小道（Prater and Ridge Trail）沿途，面向帕拉特尔和摩尔场峡谷的南面，是杂种鹿、大耳朵羊、野火鸡、黑熊和金鹰等的栖息地。

❖ 四州交界处

❖ 弗德台地国家公园景观一角

❖ 悬崖峭壁原始住房遗迹

里奇小道向西在纳瓦伙山（Navajo Hill）处分岔，去国家公园的观光者，可在法尔景点（Far View）处购买旅游票和地图，这里有多处遗址和遗迹，在悬崖峭壁上还有各种原始住房。从法尔景点举目望去，只见一条未受损坏的通过诸多遗址的小路，沿着桧科植物与松树覆盖的山坡而上，景色极其壮观。

在公园的西南角就是著名的威勒瑞·梅萨（Wetherill Mesa）。这里有大量保存完好的洞穴住房。这些住房是公元450至750年间由织筐人（Modified Basketmakers）建造的。

在冬季，去遗址观光只能由公园指定的官员（导游）引导。在游客经过艰苦跋涉3公里后，在走下峡谷平地之前，位于红土峭壁的云杉峡谷小路（Spruce Canyon Trail）就呈现在游客眼前。在公园里有一茶宾·梅萨博物馆（Chapin Mesa Museum），每天开放。该馆向游客提供公园历史、西南部土著和悬崖住所社区等信息资料。

由茶宾·梅萨小道（Chapin Mesa Trail）可至悬崖宫（Cliff Palace）。悬岩宫是世界上现存古代悬崖住房最多的地方，有217个房间和23个奇华斯，住房都用凸出的壁架，以作为御寒和抵挡风雪之用。

弗德台地国家公园，位于海拔1525~2593米之间，白天干燥，晚上凉快，冬天刺骨寒冷。每年从5月1日至10月31日，仅准许在公园内摩里场营地

(Morefield Campground) 宿营。徒步旅行，只允许在5条小路中进行，除此之外，都是被禁止的，并且，观光者必须由公园指定的官员（导游）带领在公园各个总部（Park Headquarters）进行登记。

在岩石上装饰的美术图案

法尔景观（Far View Lodge）每年4月中至10月末可以入住，住宿费不贵，但需尽早预定。在柯特兹（Cortez）镇和马科斯（Marcos）镇，有许多廉价宾馆游客可以入住。

怀俄明州

(Wyoming State)

怀俄明州东邻南达科他州（South Dakota）和内布拉斯加州（Nebraska），西连犹他州（Utah）和爱达荷州（Idaho），南接犹他州和科罗拉多州（Colorado），北接蒙大拿州（Montana），面积约25万平方公里，人口约50万，是美国第九大州。该州历史悠久，观光景点甚多，黄石国家公园（Yellowstone National Park）、大提顿（Grand Teton）山脉、落基山东麓、魔鬼峰（Devils Tower）等都是著名的风景名胜区。怀俄明州首府在夏延（Cheyenne）。

怀俄明州是动物的天然栖息地。除了黄石国家公园的野生动物外，大角山脉（Bighorn Mountains）岩石山上的大角羊、通地（Thunder）盆地的美洲恶狼（coyotes）等，都很引人注目。

石油、煤、天然气等资源和旅游业是怀俄明州的经济支柱。黄石国家公园和大提顿国家公园的旅游业，每年都给该州带来大量的收入。怀俄明州还有许多一望无际的大草原。

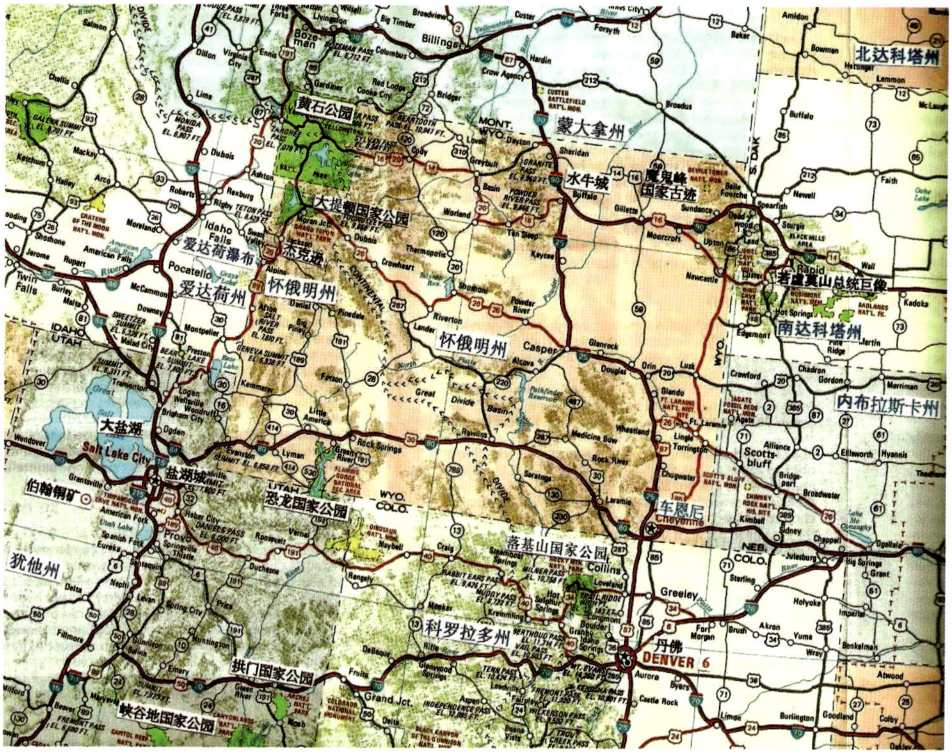

❖ 怀俄明州地理位置简图

黄石国家公园（Yellow Stone National Park）

黄石国家公园，是美国最大的国家公园，它位于怀俄明州西北角，与蒙大拿州和爱达荷州接壤。整个公园的周长 5562 公里。该公园的喷泉，约占全世界同类喷泉总数的一半。公园里有大量的灰熊、黑熊、狼、驼鹿、野牛、麋、秃头鹰等野生动物。

❖ 川流不息的黄石瀑布

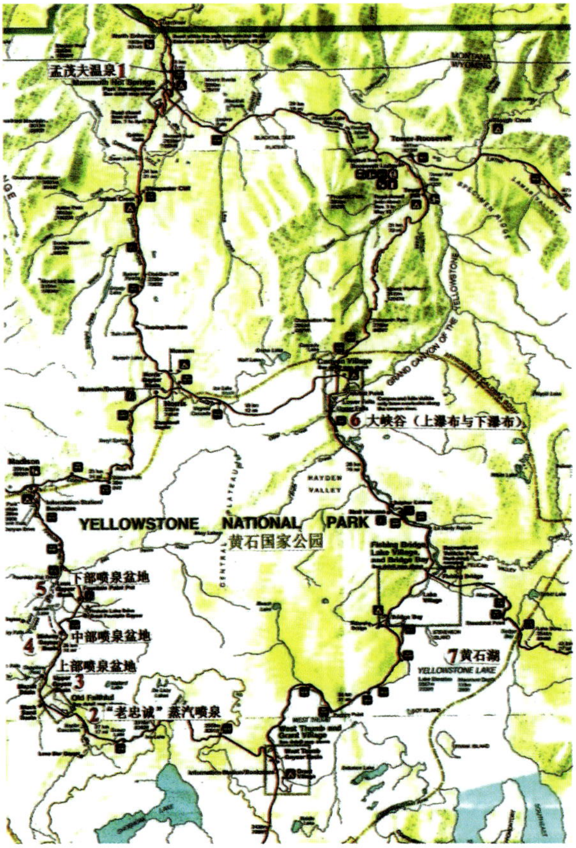

❖ 黄石国家公园主要景点

黄石国家公园是由200多万年前火山活动而形成的峡谷。公园分成三个部分：

在西部边界线上，多是灼热的喷泉；在上部喷泉盆地（Upper Geyser Basin）多是蒸汽喷泉。最著名的蒸汽喷泉是老忠诚（Old Faithful），差不多每70分钟就能喷射出30280升水蒸气，蒸汽柱高达61米。

在下部梯田区（Lower Terrace Area），由于孟茂夫温泉（Mammoth Hot Springs）的长期冲积，且因水中富含碳酸钙而形成北面一大片土地，形成白色石灰石梯田。

公园中部最古老的地热资源位于漂亮的万年大峡谷，这里有壮观的上瀑布（Upper Falls）和下瀑布（Lower Falls）。

❖ 老忠诚蒸汽喷泉在间歇、中喷和狂喷时的景象（左、中、右）

❖ 蒸汽喷泉群（上左）
❖ 蒸汽喷泉（上右）
❖ 彩色污泥泥潭（下左）
❖ 清澈见底的溪流（下右）

黄石国家公园南部包括海拔 2357 米的黄石湖（Yellowstone Lake），以及流经东北的黄石河（Yellowstone River）和流经西南的蛇河（Snake River）。

黄石国家公园森林常常遭受火灾的威胁。1998 年的大火，烧毁了上部喷泉盆地 321165 公顷的山林，损失惨重！

大提顿国家公园

大提顿国家公园，包括提顿山脉（Teton Mountains）的大部分以及山脚下的杰克逊洞穴溪谷（Jackson Hole valley）。由于冰川的侵蚀，提顿山脉抚育着这里的高山湖泊和茂密的桦木与白杨林。公园的野生动物包括驼鹿、黑熊以及冬季在此栖息的大批迁徙的麋。蛇河（Snake River）环绕着大提顿国家公园的谷地。在夏天，大提顿国家公园向游客提供许多户外活动，包括木筏、舢板（kayaking）和徒步旅行。

大提顿国家公园于 1929 年创建。现今，其范围包括提顿村（Teton Village）的滑雪胜地和威尔逊（Wilson）小村庄。大提顿山脉的南部和中部远近峰峦呈锯齿状，直指蓝天，高达 4200 米。邻近“三重奏”（trio）的山峰和摩朗（Moran）山峰，都比大提顿山脉的山峰低。

❖ 大提顿山脉锯齿状的山峰

公园的摩斯观光中心（Moose’s Visitor Center）是由小教堂经改装而成，幽雅的祭坛和窗户都用木材制成，从窗户可眺望大提顿山脉的绚丽风光。夏天，在信号山路（Signal Mountain Road）上，可观赏谷地壮丽的美景，同时，公园里也有可供徒步旅行的绝佳小路。

大提顿国家公园与黄石国家公园不同，是全年开放的。

此外，大提顿国家公园的杰克逊镇和北面的珍妮湖（Jenny Lake）非常宁静、漂亮。

杰克逊（Jackson）

杰克逊镇，离黄石国家公园 97 公里，人口只有 4700 人，现已成为滑雪胜地。当地把旅游业作为经济支柱。自从 1884 年，移民到这里定居以来，这个乡间小镇，就保留了不少坚固耐用、古色古香、价值百万美元的房屋。该镇四方形广场的四个角的皇冠状的麋鹿角拱门，都是从附近麋鹿收容所收集的、自然脱落的几千只鹿角而构筑形成的，蔚为壮观。

在快速公路 Hwy191 上的麋鹿收容所，有从国家野生艺术博物馆要来的驾雪车、滑雪橇，供游客参观。设计精美的砂岩建筑物（博物馆），建造在群山之中，从中可眺望麋鹿群的活动。在砂岩建筑物（博物馆）里，有许多美国西部野生动物的陈列品。杰克逊洞穴历史协会（Jackson Hole Historical Society）和米苏尔（Mercill）大道博物馆，都收藏有早期杰克逊镇的历史文物。

该镇餐馆，无论在镇中心或镇广场附近，都很有风味。

杰克逊镇有很多服饰用品店可供游客购买。

❖ 杰克逊四方形广场每个角落的鹿角拱门

水牛城（Buffalo）

❖ 水牛城公园内野牛雕像

水牛城人口约 3900 人，主要是当地大牧场的工作人员。当地经济主要依靠商业，牛肉和石油为主要的经济资源。

水牛城现在仍然是一座牛城，主大街（Main Street）有许多新建的维多利亚式房屋。约翰逊县法院、格特车尔（Gatchell）药房和西洋宾馆（Occidental Hotel）都保持古代西部（Old West）的建筑风格。主大街上的詹姆·格特车尔博物馆（Jim Gatchell Museum）很值得游客参观。

水牛城北面 24 公里处有一座建于 1866 年的福第·菲尔·克尼的州历史遗址（Fort Phil Kearny State Historical Site）。今天，该遗址只有一些纪念性的墓地。快速通道 Hwy87 北面是费特曼战役遗址（Fetterman Battle site），威廉·费特曼（William Fetterman）骑兵被施欧兹人（Sioux）歼灭的故事，就发生在这里。

魔鬼峰国家遗址（Devils Tower National Monument）

怀俄明州东北部魔鬼峰，耸立在贝尔·福舍河（Belle Fourche River）河畔，离快速公路 Hyw24 的慎登士（Sundance）40 公里。遗址覆盖面积仅为 5 平方公里。

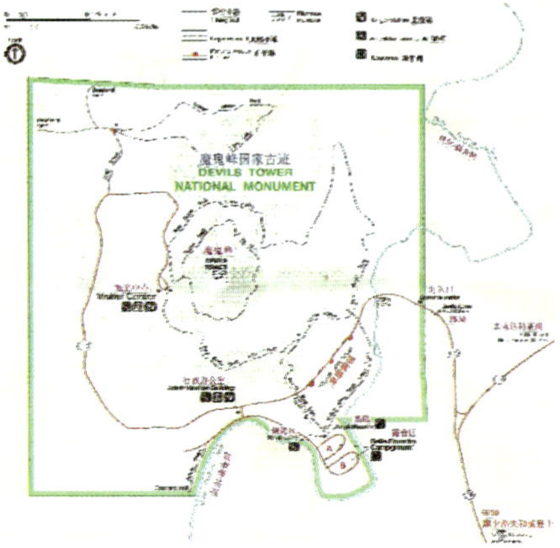

❖ 魔鬼峰国家古迹平面图

❖ 魔鬼峰的英姿

这座古火山岩遗址，从它的基座算起，高 264 米，高出河面 386 米，峰顶面积 6070 平方米，遗址基座直径 305 米。现在，魔鬼峰已成为露营、徒步旅行和攀岩的大众休闲场所。自 1937 年以来，每年从世界各地前来的攀登者约为 5000 人，攀登路线超过 220 条。

约有 150 种以上的鸟类在此栖息，常见的有鹰、秃鹰、金鹰、草原猎鹰和蓝鸟等。此外，这里还有许多珍稀动物，比如白尾鹿和黑尾草原犬鼠（Prairie dog）等。这种草原犬鼠，分布在加拿大南部到墨西哥北部的广阔地区，它在草原上乱跑、觅食，或在草地下掘地洞藏身和生存。

南达科他州

(South Dakota State)

南达科他州，面积约 20 万平方公里，人口约 75 万，是美国第十六个大州，位于美国中北部。南达科他州伐木业、制造业和采矿业比较发达。主要农作物有玉米、燕麦、小麦、向日葵、大豆和高粱。该州经济收入主要依靠旅游业。

黑山国家森林（Black Hills National Forest）有 20 万公顷的松林，其花岗岩山峰的最高点在东面。而位于黑山的宝石山洞（Jewel Cave）是世界上第四长山

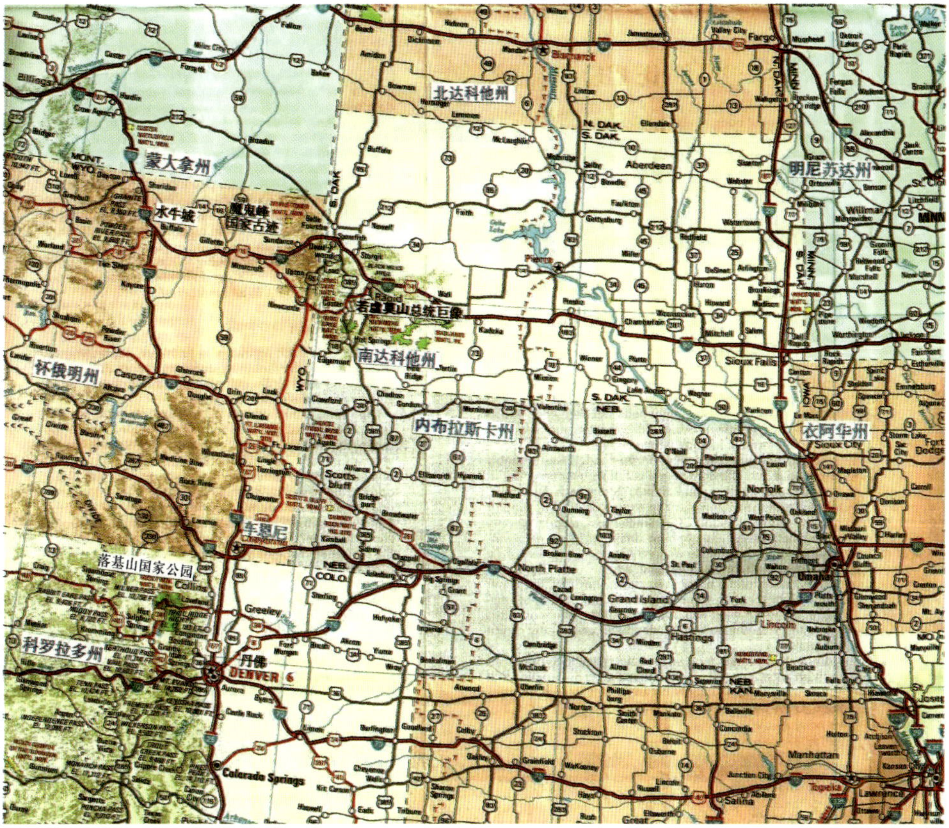

❖ 南达科他州地理位置图

洞，黑山还有西半球至今仍在开采的最大金矿——霍姆斯特克金矿（Homestake Gold Mine）。

游客到南达科他州观光，可观赏一些特殊的景观：松林覆盖的黑山花岗岩山洞、东北方的冰川湖泊、拉什莫尔山总统巨石像、骏马纪念馆、恶地（the Badlands）国家山洞、州立公园等。

拉什莫尔山总统巨石像 (MT RUSHMORE NATIONAL MONUMENT)

拉什莫尔山总统巨石像，位于拉皮德市（Rapid City）西大门40公里处的山冈上，周围被黑山国家森林、库斯特州立公园（Custer State Park）、风洞国家公园（the Wind Cave National Park）和黑麋野生动物区所环绕。

❖ 左起：华盛顿、杰弗逊、罗斯福、林肯

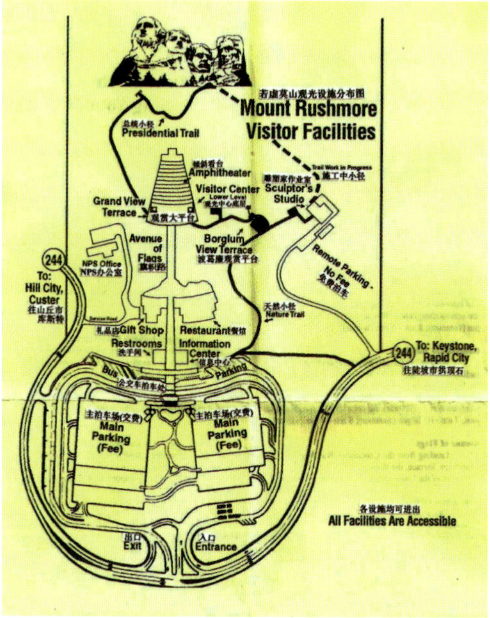

❖ 拉什莫尔山观光设施分布图

雕塑家格曾·博格勒姆（Gutzon Borglum）和他的同事，在1927–1941年期间，花费14年，把美国国父乔治·华盛顿（George Washington）、独立宣言起草人托马斯·杰弗逊（Thomas Jefferson）、和平使者齐奥多·罗斯福（Theodore Roosevelt）和黑人之父亚伯拉罕·林肯（Abraham Lincoln）等人雕像雕刻在花岗岩石上，雕像高18米。

格曾·博格勒姆生于1867年，博格勒姆于1941年3月逝世。童年多病，使他养成独立和反叛性格。他创作的许多艺术作品，比其他的艺术家和设计者的作品，都更加光彩夺目。

❖ 众多观光者在遥望总统山

博格勒姆的儿子林肯（Lincoln），在他父亲逝世后接管雕塑工作。在1941年10月，所有的挖凿工作被迫停止。挖凿工作的全部联邦基金用于战争。这项工作以后再也没有进行。

特许大楼（Concessions Building）内，有餐馆、酒吧间、软糖店、雪糕店和礼品店等。特许大楼外面观赏大平台旁的旗帜路（Avenue of Flags）上，有美国各州的州旗。

观赏大平台（Grandview Terrace）是观赏华盛顿、杰弗逊、林肯和罗斯福 4 位总统巨型雕像的最好位置。坐在台阶上或站在大平台上眺望总统巨型雕塑群像，那是绝妙的景观和享受！

观光中心（Visitor Center）1998 年 6 月 15 日向公众开放。中心里有各种雕塑展品。

这里还有一座 1939 年建成的历史性建筑——雕塑家工作室（Sculptoes Studio）。这座建筑曾是雕塑家格曾·博格勒姆（Gutzon Borglum）现场工作室，室里展出在施工中所用的工具和模型。

加利福尼亚州

(California State)

加利福尼亚州，又叫金州，东邻内华达州（Nevada），西临太平洋，南接墨西哥（Mexico），北连俄勒冈州（Oregon），面积 411471 平方公里，是美国第三大州。人口约 3400 万，是美国人口最多的州。该州城市包括洛杉矶（Los Angeles）、圣地亚哥（San Diego）、圣荷塞（San Jose）、旧金山（San Francisco）和长滩（Long Beach）等。

加利福尼亚州的信息产业、飞机和导弹工业、农业、餐饮业和文化产业都非常发达。

加利福尼亚州拥有美国大陆的最高山峰——惠特尼山峰（Mt Whitney，海拔 4418 米）和最低死谷（Death Valley，海拔-86 米）。该州风景优美，气候温和，适于户外活动。洛杉矶著名的迪斯尼乐园（Disneyland）、好莱坞（Hollywood）和

加利福尼亚州地理位置简图

加利福尼亚探险（California Adventure）都是游客流连忘返的地方。此外，旧金山金门大桥（San Francisco’s Golden Gate Bridge）、优山美地国家公园（Yosemite Nat’Park）、蒙特利湾水族馆（the Monterey Bay Aquarium）等也很著名，很受游客青睐。

沙斯塔湖及其大坝（Shasta Lake & It’s Dam）

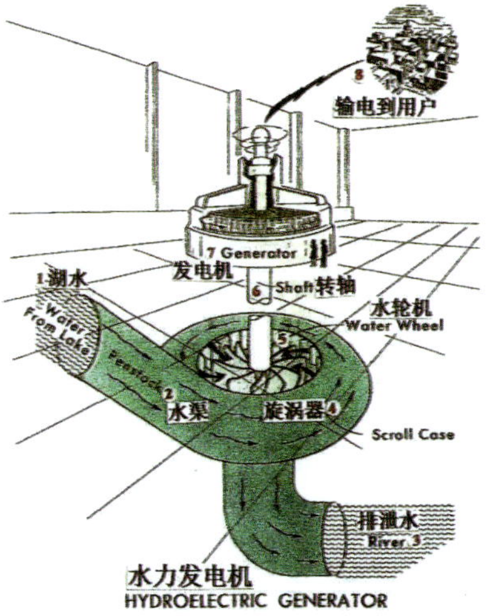

❖ 沙斯塔水电站发电流程示意图

沙斯塔湖最吸引人们眼球的，就是沙斯塔大坝。沙斯塔湖的大岩洞，有6米高的钟乳石和石笋，非常壮观。沙斯塔湖有595公里长的湖岸线，每年吸引200万游客前来钓鱼、划船和进行各种水上运动。

有北加州奇迹之称的沙斯塔大坝是世界上巨型大坝之一，其泄洪道是尼亚加拉大瀑布（Niagara Falls）高度的3倍，比华盛顿纪念碑还要高，所用混凝土量，足够在赤道建成一条宽为0.914米、厚为10厘米的人行道，环绕地球一周！

沙斯塔湖水主要用于农作物灌溉，市政和工业用水，提供航运和建造水力发电站。沙斯塔湖给三角湾提供的饮用水源，足够2000万加州居民使用。

沙斯塔湖是北加州最早开发的休憩区。在这里，游客可以游泳、划船、滑水、航游、宿营、徒步旅行和野餐，同时，还可钓鱼，这里至少有鲟鱼、鲑鱼、猫鱼（塘虱鱼）等16种鱼类在湖里栖息。

❖ 沙斯塔水电站发电机组

❖ 沙斯塔大坝及水电站鸟瞰图

沙斯塔水电站（Shasta Powerplant）

沙斯塔水电站位于大坝下面，是加州最大的水电站。水流通过5条直径为4.6米的水渠，驱动着巨型的水轮机日夜旋转。每个水轮机在满负荷时，需要提供每秒70吨的水量才能正常运转。

沙斯塔山洞群（Shasta Caverns）

沙斯塔山洞群，是沙斯塔–喀斯喀特（Shasta-Cascade）最吸引人的景点，位于旧金山（San Francisco）和波特兰（Portland）之间。

❖ 山洞内景观

❖ 山洞群入口景观

❖ 山洞内钟乳石

拉森火山国家公园（Lassen Volcanic National Park）

❖ 热喷泉水蒸气随处可见

拉森火山国家公园，占地43081公顷，公园内最高峰海拔为3189米。公园位于加州喀斯喀特山脉（Cascade Range），在雷丁（Redding）市东面71公里处，离旧金山市362公里。

拉森山峰是一座“休眠”的火山。其中，锥形（Cinder Cone）山峰海拔2108米；展望（Prospect）山峰海拔2544米；赫克尼斯（Harkness）山峰海拔2452米。它们都是火山山峰。

在这些火山山峰及其周围，有许多热喷泉、发泡泥潭坑和蒸汽贮汽池等。在勃巴斯·浩尔（Bumpass Hell）地区，地热温度达到140℃。在火山国家公园独特的环境下，至少生长着715种植物。在火山国家公园茂密的树林中散步和野营，在50个高山湖泊中泛舟，在冬天乡间滑雪，都是游客喜爱的活动。

❖ 残留的火山痕迹

地热发电站

当今，世界利用太阳能、水力、风力、核电和地热发电，已是一种势不可挡的潮流。地热发电最大的优点在于：取之不尽、用之不竭，无污染，与燃烧煤炭或燃油进行发电相比，优势十分明显，对环境保护大有好处。

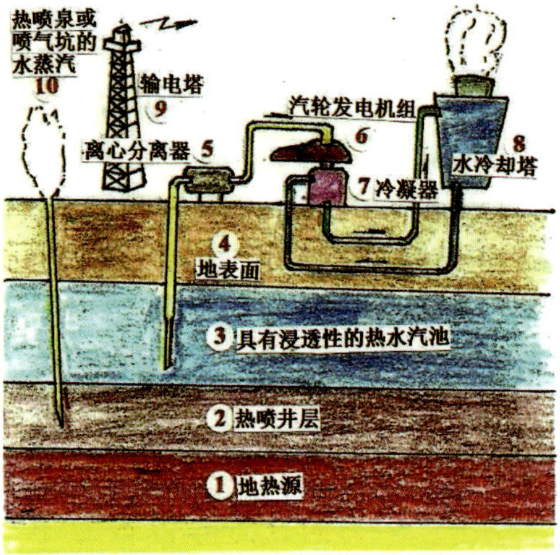

利用地热发电，最早始于19世纪的意大利。现今，约有50多个国家考虑开发地热资源。新西兰、日本、冰岛、墨西哥、印度尼西亚、菲律宾等许多国家都在利用地热发电。美国加利福尼亚州的索诺马（Sonoma）有许多规模中等的地热发电站。

❖ 地热发电站运行示意图

间歇泉（Geyser）地区

位于离旧金山市以北115公里处的梅亚卡玛斯（Mayacamas）山脉的许多山丘上，有不少巨大的天然“锅炉”。从这种地下“锅炉”里不时喷出蒸汽。这个独特的地区称为间歇泉（Geyser）地区。从间歇泉地区喷出的蒸汽，不是“喷泉”，而是“喷气坑”（fumarole），与黄石国家公园的老忠诚（Old Faithful）喷泉不同，它不能喷射出巨型的热水柱。

很早以前，这些热泉水和喷气坑就被人用来治疗疾病。

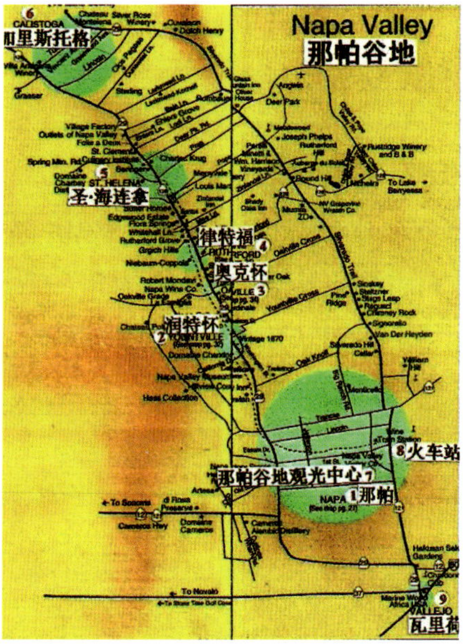

❖ 纳帕谷地简图

纳帕溪谷（Napa Valley）

纳帕在旧金山市东北方向，东西宽1.6~8公里，南北长48公里。

纳帕自然景观绚丽多彩，气候温和，春夏秋季阳光充足，晚间凉快，昼夜温差大。谷地两边多是岩石的山丘，山丘上充满迂回曲折的道路，这些道路都通往

❖ “酒乡列车”

谷地平原。两边山麓及平原地带，布满着星罗棋布的酿酒厂和用当地石材建造的房屋。酒厂出品的美酒闻名全美，常年吸引大量游客来此观光！

2001年4月，笔者首次乘坐“酒乡列车”（Wine Train）。在列车上，喝咖啡，品赏美味可口的午餐或晚餐，沿途观赏纳帕谷地小镇独特而美丽的风光，悠闲自在，其乐无穷！

旧金山（San Francisco）

旧金山市，亦称三藩市，人口约81万，面积122平方公里。圣布鲁诺（San Bruno）山脉是该市南面边界，金门（Golden Gate）海峡和马林县（Marin County）都位于该市北面。

❖ 从市南面看市区

旧金山市有40多座险峻的山丘，著名的有电报山（Telegraph）、贵族山（Nob）、俄罗斯山（Russian）和林孔山（Rincon），以及环绕该市的帕特里奥山（Potreo）、卑奴山（Bernal）和标安拿·韦斯塔山（Buena Vista）等，所以有人称旧金山市为“山城”。

❖ 从东湾看旧金山市

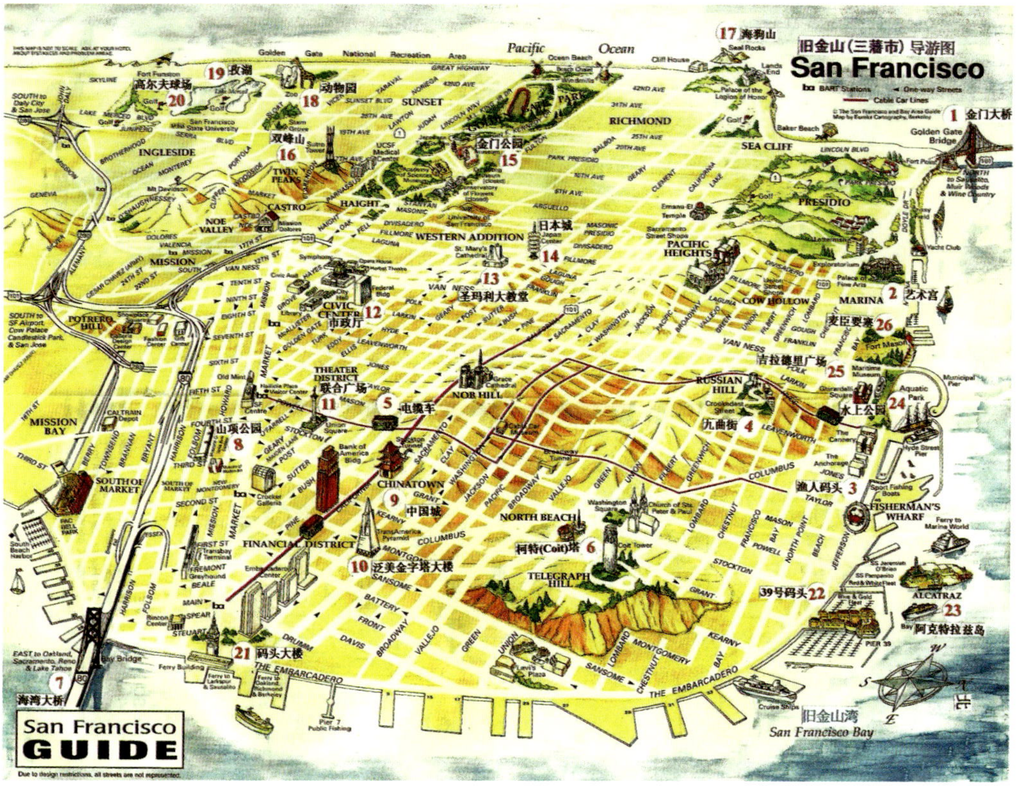

❖ 旧金山部分街道及旅游景点略图

旧金山市有着多姿多彩的历史和文化，其中巴巴里海岸（Barbary Coast）风光和一些著名的酒吧间，每年都吸引大量的游客前去观光。

旧金山市不仅是美国西部主要的金融中心，同时，它又是国际贸易中心，此外，该市制造业和信息业也很发达。

旧金山三面环海，是一座半岛城市。气候温和，冬天不冷，从来没有下过雪。早晚比较凉快，中午暖和，是世界上最宜居城市之一，每年游客络绎不绝。

金门大桥（Golden Gate Bridge）

❖ 金门大桥设计者约瑟夫·斯特劳斯铜雕像（上）

❖ 金门大桥的数据牌（下）

旧金山最著名的地标——金门大桥（Golden Gate Bridge）横跨海峡两岸，将该市与北面的马林县（Marin County）连接起来。长达2公里的吊桥，能抗御160公里每小时以上大风的侵袭，中间跨度能承受最大8.4米幅度的摆动。大桥于1937年建成。

金门大桥悬吊部分的长度为2公里，中间跨度离水面高度为79米，两个桥塔高度均为227.4米，每天通过的汽车数约10万辆。

竖立在大桥南面的数据牌显示：金门大桥主跨度为1280米，一根钢缆长度为2331.7米，一根钢缆的直径为92.4厘米，每根钢缆内含钢丝共计27572根，所用的钢丝总长度为128748公里。

❖ 金门大桥建成50周年纪念日，飞机飞越上空表演

❖ 雄伟壮观的金门大桥

艺术宫（Palace of Fine Arts）

❖ 艺术宫与小天鹅湖

❖ 艺术宫圆形大厅出入口，周围柱廊及浮雕

由传奇建筑师伯纳德·梅贝克（Bernard Maybeck）设计的这座艺术宫，原是 1915 年巴拿马-太平洋展览会的临时建筑物。今天的艺术宫是在展览会结束之后，拆除了临时所用的木材和水泥，在 1962 年用混凝土进行维修重建而成的。艺术宫具有非古典罗马式圆形大厅的风格。艺术宫的后面，还有科学博物馆和剧场。

渔人码头（Fisherman's Wharf）

旧金山的渔船，都停靠在杰弗逊街（Jefferson Street）休闲场所的船坞内。沿杰弗逊街一带，通常称为渔人码头。每天早晨，在海德（Hyde）街和琼斯（Jones）

街之间的杰弗逊街的“渔民小巷(Fish Alley)”，随处可见忙碌的渔民。

旧金山湾盛产螃蟹、鲍鱼、对虾、三文鱼、鱿鱼、鲈鱼、鲶鱼和鳕鱼。这些海鲜产品，不仅吸引着生活在渔人码头的渔民前去捕捞，而且常常吊起游客的胃口！渔人码头所在的海边有许多意大利海鲜餐馆，这里游人如织。杰弗逊街边的小商贩，直接从沸腾的铁锅里捞出刚煮熟的螃蟹，向过往的游客推销，有谁能抵挡住这诱惑呢？渔人码头的螃蟹，体大肉嫩，味美可口。这里的螃蟹可与美国东波士顿海湾的龙虾相媲美。杰弗逊街上的蜡像纪念馆（Wax Museum）陈列着一些国家领导人和好莱坞（Hollywood）明星等蜡像，栩栩如生，吸引众多游人前往观赏。

❖ 海狮群爬上浮坞“晒太阳”

九曲街（Lombard St.）

九曲街位于旧金山俄罗斯山(Russian Hill)，在海德（Hyde St.）街和列温沃夫街（Leavenwoth St.）之间，由于它有八个急转弯，用红砖砌成“之”字形，因而它被号称为世界上最弯曲的街道（Crookedest Street），俗称“九曲街”。该街只允许车辆从海德街下坡行驶。在盘旋弯曲的街道周围，种植着许多鲜花和灌木，观光客可乘电缆车沿海德街而上，在九曲街站停车，观赏九曲街的美景，或者沿着九曲街道两旁的阶梯，向东眺望旧金山湾美丽的海景。

❖ 奇妙美丽的“九曲街”

❖ 电缆车在运行中

电缆车（Cable Car）

电缆车于1873年8月2日才被引进旧金山。现在，电缆车已成为该市的地标。

在旧金山，电缆车运行线路有3条：一条是鲍威尔-海德（Powell-Hyde）线，它连接联合广场（Union Square）、九曲街的总信息中心和渔人码头，这是一条最繁忙的路线。一条是鲍威尔-梅森（Powell-Mason）线，它连接联合广场和北岸（North Beach）区。还有一条 是加利福尼亚（California）线，从英巴卡迪诺（Embarcadero）/码头大楼（Ferry Building）出发，经过中国城（Chinatown）和贵族山（Nob Hill），一直到凡尼斯大道（Van Ness Ave.）。这3条线路，共有40多辆电缆车在运行，每年载客量约1200万人次。

科伊特塔（Coit Tower）

在电报山（Telegraph Hill）上，有一座地标性建筑——科伊特塔，塔高64米。

可乘电梯到达该塔顶部，在塔顶可360度眺望海景，金门大桥、海湾大桥、九曲街、泛美金字塔大楼收尽眼底，甚至还可听到渔人码头海狮的尖叫声！在塔内，游客还可参观历史博物馆里的文物，包括描写旧金山历史的壁画。

❖ 柯尔特塔与哥伦布雕像

❖ 电报山上的柯尔特塔

海湾大桥（Bay Bridge）

海湾大桥，全称为旧金山－奥克兰海湾大桥（San Francisco-Oakland Bay Bridge），1936 年建成，全长 13.7 公里，上下两层，单向行车，途经耶尔巴布埃纳岛（Yerba Buena）和金银岛(Treasure Island)，其中西桥，采用了悬吊式，东桥采用悬臂梁式结构。

20 世纪 90 年代，比尔·克林顿(Bill Clinton)总统下令关闭金银岛上的海军基地并对公众开放。从此，大桥变成了观光之地，尤其是从金银岛上观赏旧金山的旖旎风光，真是太美了！

❖ 海湾大桥的“东桥”景观

❖ 由东向西看西桥桥面上的车辆

❖ 从旧金山码头大楼看海湾大桥的“西桥”

山顶公园（Yerba Buena Gardens）

山顶公园位于市内最繁华的中心城区。山顶公园里有视听表演艺术中心、儿童艺术和科技中心、滑冰中心和查尔斯·罗夫（Charles Loof）宴会厅。其中，索尼（SONY）娱乐中心麦特里昂（METREON）有15个剧院，是游客游玩和购物的好去处。

❖ 马里奥宾馆

有玻璃皇宫之称的马里奥宾馆（Marriott Hotel）1989年建成，被喻为投币式的“自动留声机”（jukebox）。

旧金山现代艺术博物馆，1995年竣工对外开放。该艺术博物馆有一个安装在天井上、用斜纹线条装饰的巨型圆筒。现在，它是美国第二大现代艺术博物馆。博物馆展品丰富，令人神往，游客都想一睹为快。

❖ 山顶公园一角

❖ 麦斯冈尼会议中心

❖ 艺术博物馆（SFMOMA）

位于山顶公园东面的麦斯冈尼会议中心（Moscone Convention Center North），是旧金山会议中心和展览馆。会议中心展览大厅总长 255 米，拥有 31 个会议厅，此外，还有一座附加的会议大厅，面积 16800 平方米。

中国城（Chinatown）

❖ 新中国国庆 60 周年标语高高挂
❖ 中国城的入口“天下为公”大门
❖ 士德顿街

中国城，俗称“唐人街”，是很多旅游者喜爱观光的地区。唐人街街道两旁商店林立，中西药材店、肉食店、鲜鱼海味店、生果蔬菜店、中西餐馆、小吃店、杂货店及各种小摊位，行人熙熙攘攘。

位于都板（Grant）街和布什(Bush)街交会处的中国城的大门，大门顶上左右两侧各有一条黄金大龙，形成“双龙戏珠”场景，代表着富足、能力、繁荣之意。

中国城的中心在都板街。在都板街与加利福尼亚街的交会处，可以看到电缆车。在街角处，有一座于 1854 年由红砖建成的圣玛丽古教堂（Old St. Mary’s Church），这是美国西岸第一座罗马式天主教堂。

现在，在都板街和士德顿街(Stockton St.）等街道两旁，酒楼、餐馆、百货商店、礼品店、杂货店、蔬菜水果店、鲜鱼店、银行等林立，人头攒动，热闹非凡。

花园角广场（Portsmouth Square）位于希尔顿宾馆（Hilton Hotel）西门

附近。在广场的地下，有三层停车场，地面上是一个市民休闲场所，这里有一个小型儿童游乐场和一间文艺活动室，很多老年人或退休人员都在地面上的空旷处聊天、打扑克或下中国象棋等。

泛美金字塔大楼（Transamerica Pyramid）

❖ 泛美金字塔大楼

旧金山最具特色、最高的大楼，就是泛美金字塔大楼，塔高出海平面256米。在金字塔上可眺望整个旧金山风光。

泛美金字塔大楼位于北岸区哥伦布大街（Columbus Ave.）和金融区华盛顿街（Washington St.）的交会处，在中国城的边缘上。

美国大的保险公司、泛美公司的总部都在这座大楼上。大楼两个大肩翼（shoulder-like）装有烟囱、楼梯和18部电梯。27层楼以上是大楼观光区。

旧金山是美国西部的金融中心，也是著名的国际贸易中心。离金字塔大楼不远处，就是美国银行（Bank of America）总部所在地。

联合广场（Union Square）

联合广场，位于士德顿（Stockton）街、鲍威尔（Powell）街、邮政（Post）街和基立（Geary）街的交界处，又称购物者乐园。在广场中心，有一座数十米高的纪念碑。这座纪念碑，是纪念在第二次世界大战中，美国海军在乔治·杜威（Gorge Dewey）将军指挥下，在菲律宾马尼拉（Manila）海湾所取得的胜利。

❖ 联合广场纪念碑

广场四周，有梅西（Macy’s）、尼曼·马柯斯（Neiman Marcus）、萨克斯第五大道（Saks Fifth Avenue）、法奥·施瓦兹（FAO Schwarz）、蒂芙尼

（Tiffany）、耐克（Niketown）、古驰（Gucci）等著名商家。联合广场还有一处吸引游客地方——DFS 美术馆，该馆位于广场的右侧。

行星荷里活（Planet Hollywood）、维珍音像店（Virgin Megastore）和老海军（Old Navy）大百货商场，都位于士德顿和市场（Market）街附近。

面向广场的宾馆名叫威斯汀·圣·法兰西斯（Westin St. Francis）宾馆，它由查里斯·克罗克（Charles Crocker）设计，1904 年建成。这个地区，还有许多一流的宾馆，希尔顿（Hilton）、泛太平洋（the Pan Pacific）、涅柯（the Nikko）、四季（Four Seasons Clift）、舍·富兰士斯·德雷克（Sir Francis Drake）、旧金山马里奥（San Francisco Marriott）和大海悦（the Grand Hyatt）等宾馆都在附近。

市政厅（City Hall）

旧金山市政厅曾被视为美国最漂亮的公共建筑物之一，被誉为法国文艺复兴时期建筑艺术的样品。它的金圆顶，比美国国会山庄（US Capittol）圆顶还要高。

市政厅在凡纳斯（Van Ness）和市场（Market）大街之间，是旧金山市中心皇冠上

❖ 市政厅内部雕像与时钟

❖ 市政厅

❖ 亚洲博物馆

的明珠。整座市政厅大楼，连同地下一层，共 5 层，游人只能上到地面的第 3 层。市长办公室在 2 楼正中间。

市政厅大厅金碧辉煌；豪华宽阔的大理石阶梯是游客留影和新娘新郎留影的首选之地。

在凡纳斯大街，有著名的交响乐大厅（Symphony Hall）、歌剧院（Opera House）和退伍军人大厦（Veteran’ s Building）。在市政厅的东面，竖立着一座西蒙·玻利维亚（Simon Bolivia）骑马青铜雕像。在雕像后面有一个小型的鱼、菜、水果及小礼品的“跳蚤市场”，每逢星期三、六和日，这里熙熙攘攘，热闹非凡！还有，在它北侧的石柱上，还镌刻上“中华人民共和国恢复在联合国的合法地位”的碑文。在骑马青铜雕像的南侧，是新建成的旧金山市总图书馆；在它的北侧，是亚洲艺术博物馆。

圣玛丽大教堂（St. Marry Cathedral）

天主教圣玛丽大教堂建于 1971 年，是旧金山市最漂亮的现代化大教堂。高 58 米的圆锥形屋顶，镶有彩色玻璃窗。

中华人民共和国驻旧金山总领事馆就在圣玛丽大教堂附近。总领事馆前经常见到许多人在“排长龙”，等候着办理到中国进行经济文化交流、观光旅游或回乡探亲等事务。

❖ 圣玛丽大教堂

金门公园（Golden Gate Park）

金门公园，是世界上最大的城市人造公园之一，外形酷似一片绿叶。

金门公园长4.8公里，宽0.8公里，占地400万平方米，园内根据不同功能分成若干个区域，如露天音乐厅、射箭场、棒球场、儿童游乐场、高尔夫球场、足球场、网球场、草坪、露天大型运动场、马球场、驯狗场、植物园、日本茶花园、人工湖、加州科学馆和笛洋（De Young）纪念博物馆，还有一片红木林、一条瀑布和两座风车等。

露天音乐厅

金门公园内的露天音乐厅，位于加州科学馆与笛洋纪念博物馆之间露天广场西侧，环境幽雅，树林稠密，空气新鲜。这里不仅是举办露天音乐会的理想场所，而且还是男女老少尤其是年长者锻炼身体和休闲活动的好去处。

❖ 露天音乐厅及喷水池

加州科学馆

加州科学馆由天文馆、水族馆和自然历史博物馆组成。它的最大特点是具有生态屋顶（Living roof）和室内雨林（indoor rainforest）。

❖ 生态屋顶下室内雨林

天文馆提供了人们认识宇宙的一个窗口。

水族馆大玻璃（池）窗内生长着原生活在大海最深处的珊瑚，多姿多彩，很吸引人们眼球。此外，还有四层楼高的雨林，雨林中有各种飞鸟、蝴蝶、青蛙和从亚马逊（Amazon）、婆罗洲（Borneo）、哥斯达黎加（Costa Rica）和马达加斯加

❖ 加州科学馆

(Madagascar) 运来的鱼类。在这里还可见到非洲的企鹅和在沼泽地中生活的短吻鳄。

❖ 加州科学馆展览大厅

博物馆的生态屋顶面积约 1 万平方米，具有节能的功能。

笛洋博物馆

笛洋纪念博物馆外景及平面图如下所示：

❖ 笛洋博物馆

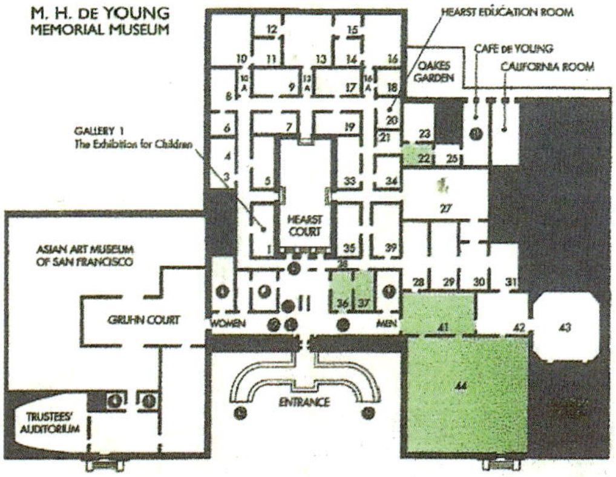

❖ 笛洋纪念博物馆平面图

花卉温室（The Conservatory of Flowers）

金门公园内的花卉温室位于金门公园东北角，始建于 1879 年。2003 年，模仿英国皇家植物园（Kew Gardens）的样式，以维多利亚建筑风格，并用玻璃为建筑材料进行改建，非常漂亮。

❖ 金门公园花卉温室

❖ 金门公园内日本茶园

❖ 金门公园花卉温室左前方的“花钟”

❖ 日本传统式的塔楼与门楼

日本茶园（Japanese Tea Garden）

日本茶园占地 1.6 万平方米，内有日本传统风格的建筑。

❖ 金门公园内早期的荷兰风车

荷兰风车（Windmill）

在太平洋岸边的公园西面入口处，有一座古老的荷兰风车（Windmill）。风车四周树林枝繁叶茂，郁郁葱葱。郁金香花坛形式各异，惹人喜爱。风车附近有一座餐馆，边用餐边观赏太平洋的蓝天白浪、一群群的海鸥展翅自由飞翔的美景，真是令人心旷神怡。这里是老少休闲的好去处，也是举办露天喜宴或结婚仪式的理想场所。

动物园（Zoo）

旧金山动物园，位于旧金山西南角、太平洋岸边。园内有世界各大洲来的珍奇动物。

❖ 孔雀开屏

从动物园大门进入，首先可漫步“南半球世界”，随后在“澳洲区”（Australian Walkabout）的草地上，可看到大、小袋鼠的活动。向南，在“树熊天地”（Koala Crossing）里，可看到树熊在尤加利树丛中的睡态。

❖ 雄狮酣睡

在“澳洲区”的东面有一处南美热带森林建筑物，屋内向游客展示着许多南美的爬行动物、鱼和鸟雀。

在动物园的南部，有河马、非洲象、亚洲犀牛、斑马、长颈鹿、老虎、狮子、企鹅等各类动物。在动物园的中部及西南部，有许多种类不同的猩猩、猴子等。

在动物园西北部的儿童动物园内，这有猫鼬、草原犬鼠、鹦鹉和乌龟等动物；在“北美区”的昆虫动物园中，有约6000多种不同的节肢动物。

❖ 游泳池遗址

太平洋海滩风光

旧金山是一个半岛。东面和北面接旧金山海湾，南接中半岛，西濒临太平洋，西面是一片宽阔而又长长的海滩。这里的海岸，有时风大浪急，有时和风轻拂。游人或沙滩散步，或在海边游泳，或在激流中冲浪，或留步观赏日落美景。

悬崖屋（The Cliff House）

悬崖屋位于海滩最北端，始建于1863年。1894年大火之后，按法国别墅样式重建，还建有一个高出海平面61米的观赏塔，塔内有眺望全景的休息室、卧房和客厅等。1906年，旧金山发生大地震，它也逃脱不了被烧毁的厄运。1909年，又在原地第三次建造了悬崖屋，即现今这一座建筑。1952年后，悬崖屋又被数次装修。悬崖屋现已成为旧金山最美的海景餐厅。

❖ 旧金山太平洋岸边海滩悬崖屋

恶魔岛（Alcatraz Island）

恶魔岛，位于旧金山海湾内，游客可从渔人码头乘红白色游船往返。

1775 年，西班牙探险家首先发现此岛。1854 年，军事部门把它建成要塞，作为防卫海湾的一部分。在国内战争期间，它被改造成军事监狱。

现今，每年成千上万的游客在渔人码头乘坐游船来恶魔岛观光，步行观看监狱遗址和岛上独特的动物和植物资源。

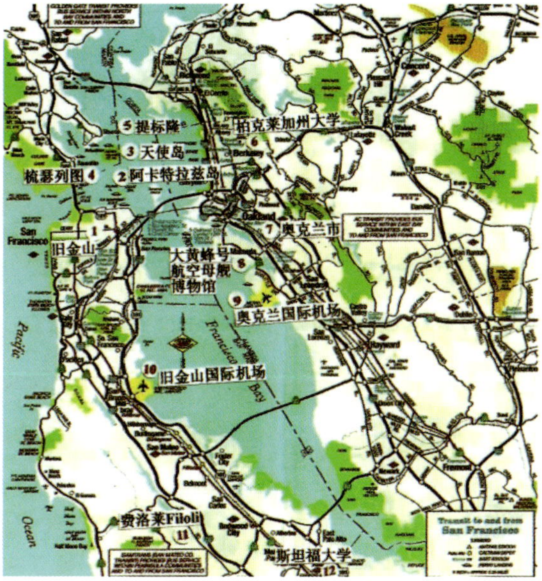

❖ 旧金山及其周边城市地理位置图

❖ 恶魔岛风光

天使岛州立公园（Angel Island State Park）

从渔人码头（Fisherman’s Wharf）的 43 号码头出发，可乘金蓝色游船（Blue and Gold Fleet）游览天使岛、索萨利托（Sausalito）和提布伦（Tiburon）。这三个地方都归马林（Marin）县管辖。现在，娱乐性的徒步旅行和骑自行车游玩，使天使岛成为令人喜爱的休闲与游玩目的地。

2000多年以前，这里就是米沃克（Miwok）印第安人之家。18世纪后期，美国在这里建成一座移民中心。现在，昔日的旧兵营已改造成一座记载亚洲移民的历史博物馆。

19-20世纪，天使岛曾是华人移民进入美国大陆的落脚点。这些移民离开家园，跨越大洋，居住在简陋的工房里，忍受着难以想象的困苦，战胜远离家乡的“乡愁”，在金门这块热土上，开始他们的新生活。

❖ 天使岛上简陋的工房遗址（上）
❖ 天使岛（下）

索萨利托（Sausalito）与提布伦（Tiburon）

索萨利托，西班牙语称为“小弯苗”（“litte willow”），是一个富裕、酷似地中海风情、面向海洋的小城镇。小镇有一条主干道，名叫过桥大道（Bridgeway Blvd），大道两旁有许多礼品店、画廊和餐馆。

在镇中心以北1.6公里处就是著名“军中工程师海湾模型公司”（Army Corps of Engineer’s Bay Model），中心占地面积为9680平方米。

提布伦，西班牙语称为“鲨鱼”（Shark），横跨里查逊海湾(Richardson Bay)，是一个富裕的海港乡村。提布伦也有很多像索萨利托那样餐馆。提布伦的主干道很狭窄，在船坞边有很多餐馆。

从旧金山渔人码头乘船去索萨利托和提布伦旅行，约需半小时，安全舒适，方便快捷。

❖ 从金门大桥北侧向南拍摄的景观

加州大学伯克利分校（UC Berkeley Campus）

加州大学伯克利分校是一所具有100多年历史、在国际上久负盛名的综合性大学，位于旧金山海湾东岸柏克莱市内，在校学生3万人。在加州大学的九个大学中，它是最古老的、人数位居第二的大学。该校有很多诺贝尔（Nobel）奖获得者。

❖ 加州大学伯克利分校“钟楼”

加州大学伯克利分校校园内最有特色的建筑就是“钟楼”，建于1914年，它的正式名字叫萨瑟塔（Sather Tower），模仿意大利威尼斯（Venice）圣马克（St. Mark）大教堂钟楼（高98米）而建，高94米。钟楼西侧是班克罗夫（Bancroft）图书馆。劳伦斯科学馆（Lawrence Hall of Science）是一座用于给少年儿童普及科学知识的博物馆。碗形厅（Bowles Hall）在加利福尼亚纪念露天运动场的附近。这里还有一座植物园，种有13000棵各类植物。在这里举目远眺，海湾美景尽收眼底。离校园北面800米处有一座玫瑰花园，花园里种有4000棵以上各式各样的玫瑰花、杜鹃花、仙人掌等观赏植物，爱好花卉的人，可到此观赏。

大黄蜂号航空母舰博物馆（USS Hornet Museum）

在旧金山海湾东岸阿拉梅达（Alameda），停泊着一艘在第二次世界大战中屡立战功、赫赫有名的退役航空母舰，这艘航空母舰现已成为大黄蜂号航空母舰博物馆。

美国海军大黄蜂号航空母舰（USS Hornet）是在第二次世界大战期间及战后所建造的24艘埃塞克斯（Essex）级战舰之

❖ 大黄蜂号航空母舰（CV-12）博物馆

一。以“大黄蜂”（Hornet）命名的第八艘航空母舰，是美国海军的功勋战舰之一。1970年6月26日，这艘大黄蜂号航空母舰退役。

萨克拉门托（Sacramento）

萨克拉门托（又译沙加缅度），位于萨克拉门托河（Sacrament River）和美利坚河（American River）交汇处，土地肥沃，气候宜人，盛产各种农副产品，是加利福尼亚州的首府所在地。有许多华侨华人在萨克拉门托居住，因此，华人把旧金山称为“大埠”，把萨克拉门托称为“二埠”。萨克拉门托市现今是繁忙的航运和加工业中心，同时，它又是“世界的山茶（camellia）首府”。

❖ 萨克拉门托的州政府大楼

❖ 萨克拉门托火车站

萨克拉门托市的人口约190万。近年来，由于信息产业的发展，从硅谷（SiliconValley）来的外流人员，不断拥进萨克拉门托。

加州政府大楼及其周围建筑很是吸引人的眼球。它的圆拱形建筑，很像华盛顿特区的国会山庄。周边成千上万棵花草树木，在16公顷的场地上竞相争艳。

热爱户外运动的游客，可到美利坚河上漂流，也可骑自行车畅游萨克拉门托老历史博物馆所在地区，或者沿着36公里长的美利坚河风景区干道（Parkway）游览观光。

费罗里（Filoli）庄园

❖ 庄园内住宅大门

在加州海岸山脉山坡上，离旧金山南部48公里处，有一座庄园名叫费罗里庄园，占地265公顷。这座宏伟的庄园，每年的2月至10月对公众开放。

现在，费罗里庄园由费罗里中心进行运作。这座庄园体现出20世纪初建筑艺术和花园设计的完美集合。庄园里陈列着一些原庄园主人的家具、收藏品，以及庄园原主人劳夫女士精心收集的兰花样品。整个庄园都布置着美丽的鲜花。

从庄园平面图看出，门前庭院一侧的仆人侧厅和另一侧的舞厅，都呈U字形。长长的大厅横向通道，从北向南，与住宅所在的谷地相呼应。许多庄园房间和正规花园，都沿着这条通道构建。

庄园上下两层地板和舞台下的底层地板面积，共有3344平方米。宽阔的几个大房间，从地面到天花板的高度为5.2米，而舞厅从地面到天花板的高度为6.85米。整座庄园共有43个房间和17个壁炉。

斯坦福大学（Stanford University）

在旧金山以南约60多公里的帕洛·阿托（Polo Alto）的棕榈路（Palm Drive）上，有一所世界顶尖的集科研和教学于一身的著名学府——斯坦福大学，同时，这里还有一座斯坦福线性加速器中心（Stanford Linear Acceleration Center，简称SLAC，下同）。

今天的人们很难想象，著名的斯坦福大学竟然创建于19世纪末的一个马场上。利兰·斯坦福（Leland Stanford）为纪念1884年死于伤寒（typhoid）的儿子，设想在他私人马场农庄上创办一所西部大学，用以研究智商测验、药丸、心脏移

❖ 斯坦福大学椭圆形广场

❖ 胡佛塔

植等项目。他的建议立即引来许多非议。然而，这位铁路大亨力排众议，知难而进。当然，他从没想到：诺贝尔奖和普利策奖获得者，会成为这里的老师；也没想到在这里进行的研究，会给心脏移植、避孕药、基因工程、微处理机和智商测验等多项重大科研成果的应用铺平了道路。就这样，斯坦福大学逐步走上了至今拥有人文科学、法律、医学、工程、教育、商业、地球科学等7个学院的综合性大学。

斯坦福大学占地38.5公顷；红瓦屋顶的大学校园，看上去好像是一所宁静的西班牙教堂。大学建筑设计师是费雷德里克·劳·奥姆斯德特（Fredrick Law Olmstead）。费雷德里克也是纽约中央公园的设计师。著名的椭圆形广场，是师生职工们集会、体育运动和文化娱乐的中心场所。

斯坦福大学的标志性建筑——胡佛塔（Hoover Tower）1941年落成，是胡佛战争、革命与和平研究所（Hoover Institution on War， Revolution and Peace）的一部分。这里收藏着数百万与第一次世界大战有关的资料，《蒋介石日记》（手稿）也收藏在这里。胡佛塔高87米，观赏平台高76米，在此可眺望校园全景。塔内第1–9层是图书馆书库，第10–12层是办公室。

由椭圆形广场向南，登上几级台阶后，穿过艺术走廊，到达中心广场（Main Quad），眼前便是斯坦福大学的另一座标志性建筑——纪念教堂（Memorial Church）。该教堂建于1903年，不属于任何一个教派，建筑以拱形门窗和众多角塔为其特色。据说，要想在这座著名的大教堂举行婚礼，必须提早一年申请，并且至少有一方是（或曾是）该大学的师生员工方可。

❖ 校园内艺术走廊

❖ 艺术走廊附近的花园

斯坦福大学校区内还有一个斯坦福线性加速器中心。该中心拥有几十间大小不等的楼、厅、院、厂、馆、堂、站、库等建筑物。中心属美国能源部（DOE）管辖，始建于1962年，1968年建成。线性加速器的直线段长有几公里，圆环形部分直径1公里多（大都深埋地下，以屏蔽从加速器发散出来的高能放射线）。20世纪90年代初，中心有职工1300多人。

❖ 纪念教堂

硅谷（Silicon Valley）

硅谷中心圣荷塞（San Jose），距离旧金山南面约80公里。圣荷塞地处圣克拉那（Santa Clara）谷地，向东与圣克鲁兹（Santa Cruz）山脉连接，向西与奈勃罗（Diablo）山脉接壤。硅谷整个大行政区域面积3344平方公里，人口约165万，而圣荷塞的人口约为89万。

圣荷塞是美国高新产业中心，它的航空航天工业和电子信息产业都独占鳌头。著名航空航天巨头洛克希德·马丁公司（Lockheed Martin Mission and SPACE divisions），IT产业巨头英特尔（Intel）、思科（Cisco Systems）、苹果（Apple）、惠普（Hewlett-Packard）、国际商业通用公司（IBM）等公司的总部，都设立在这里。

❖ 温切斯特（Winchester）神秘屋外景之一，之二

❖ 位于“硅谷”的思科（Cisco）公司总部

硅谷地区气候温和，终年不下雪。硅谷内博物馆众多，馆内收藏丰富。到硅谷旅游，可去游泳池游泳，也可去圣克鲁兹（Santa Cruz）海边沙滩游玩、游泳、晒阳光浴或打沙滩排球；在冬天，可去太浩湖（Lake Tahoe）滑雪等。硅谷其他引人注目的旅游项目包括儿童探索博物馆（Children’s Discovery Museum）、天文台、圣约瑟夫（San Joseph）大教堂和温切斯特（Winchester）神秘屋。神秘屋是一座宽大的维多利亚（Victorian）式的楼房，楼内共有 160 个房间，楼内楼梯不仅很陡，而且门还朝着墙开，很奇特！

圣克鲁兹（Santa Cruz）

圣克鲁兹，位于加州蒙特利海湾（Monterey Bay）的北部，是一个面向海滩的城市。19 世纪，这里是运输红杉木的港口，现在已经成为著名度假胜地和大学城。加州大学圣克鲁兹分校就位于圣克鲁兹。

圣克鲁兹人口约 51400 人，有 47 公里长的海滩，气候温和，风景优美。圣克鲁兹山脉阻挡了从旧金山地区吹来的冷风。圣克鲁兹海滩长长的木板道路（Santa Cruz Beach boardwalk），是加州人唯一保留至今的很早以前铺设的道路，漫步其上，极具浪漫色彩。

沿着这条木板道路，可以走到旋转木马游乐场和大北斗星（Giant Dipper

❖ 圣克鲁兹海滩风光

roller coaster）过山车游玩。海神王国（Neptune’s Kingdom）休闲中心的小型高尔夫球场和赌场娱乐中心（Casino Fun Center）都在木板道公园内。

蒙特雷半岛（Monterey Peninsula）

蒙特雷半岛，是加州历史悠久、最美丽的城市，由蒙特雷（Monterey）、太平洋丛林（Pacific Grove）和17英里环道（17-Mile Drive）等地区组成。

蒙特雷半岛现有18个高尔夫球场，其中3个是国际顶级的。

蒙特雷湾水族馆是世界上大型、受人喜爱的水族馆之一。超过30万只海洋动植物在100个水族馆游廊内清晰地展示在游客眼前。柔滑的蝙蝠鱼（bat rays）、海星、海獭、鲨鱼和沙丁鱼等都可在各自“房间”内安闲地游动。

水族馆外面是蒙特雷湾。馆外的海湾展览厅，是游客理想的休闲场所。

17英里环道（17-Mile Drive）是一段环形道路，道路沿途景色极佳，并且以“迷人的圆环”（Circle of Enchantment）而闻名。

在17英里环道南面，有著名的鬼树（Ghost Tree），树干由于受到海浪和海风的侵袭

❖ 在17英里环道上可观赏的美丽海浪与海景

❖ 飞鸟栖息在崖石上

变成白色；北面有著名景点——柏树点瞭望台（Cypress Point Lookout），当晴空万里时，由此可观看到32公里外的大苏尔（Big Sur）灯塔。

孤独柏树（The Lone Cypress Tree）是加州最著名的天然地标之一。这是一棵蒙特雷柏树，生长在半岛的石头裂缝上，树龄在500年以上。

赫氏古堡（Hearst Castle）

❖ 赫氏古堡正门

❖ 游泳池圆弧形走廊

赫氏古堡是加州一座历史公园，位于旧金山与洛杉矶（Los Angeles）之间的一个偏僻海岸小镇——圣西蒙（San Simeon）北面的山丘上。每年来此的游客超过80万。在加州，没有那一个地方比赫氏古堡更加富丽堂皇和更迷人的了。古堡收藏许多达官贵人从没暴露的财物，并且，它也是最昂贵、最奢侈的私人住宅。

露天海神游泳池（Neptune Pool）是这座庄园最美丽、最豪华的建筑之一。游泳池的衬砖是白色的，水容量为1300吨，侧面用意大利海神白色大理石雕塑像和美人鱼来装饰。

1957年，赫氏古堡对外开放，接受旅游观光。

约塞米蒂国家公园（Yosemite National Park）

约塞米蒂国家公园是美国第三大国家公园，坐落在加州中部内华达山脉（Nevada Range）的山峦上，在旧金山以东约300公里。公园全年开放，每年吸

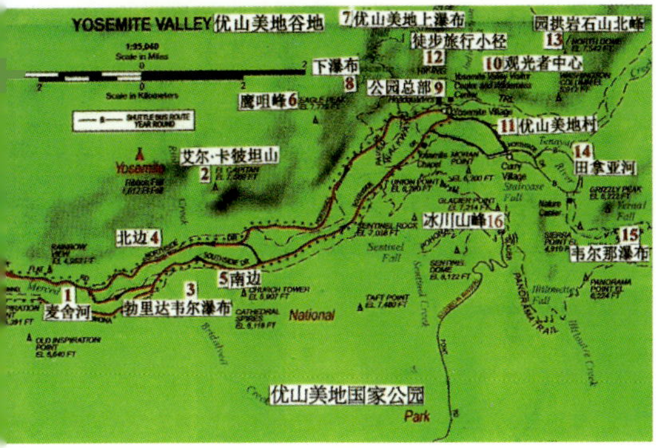

❖ 约塞米蒂国家公园各主要景点简图

❖ 约塞米蒂鹰嘴峰(背景)

引世界各地400万游客来此观光。约塞米蒂谷地的花岗岩山峰、多条著名瀑布和玛里波萨（Mariposa）树林里高大的红杉林（sequoias）都是举世无双的天然美景。这些红杉林覆盖着从海拔1220米的约塞米蒂谷地，一直到海拔4000米里约尔山脉（Mt Lyell）的3030平方公里的广阔地区。国家公园里，人们已发现有80种哺乳动物、247种鸟、24种爬行动物和两栖动物、37种当地树木和1400种花卉。

内华达山脉的山峦，是由几百万年前地壳运动而形成的。麦舍河（Merced River）虽然狭窄，但它把约塞米蒂谷地切割成V形。美国土著米沃克（Miwok）族人最初住在这里，他们的文化在这座公园内得以很好保存。

1864年，亚伯拉罕·林肯（Abraham Lincoln）总统同意将本地区变为加州公园而加以保护。

1984年，约塞米蒂被联合国教科文组织确定为世界遗产。

❖ 约塞米蒂谷地风光

❖ 约塞米蒂艾尔·卡彼坦山

❖ 约塞米蒂瀑布

约塞米蒂公园里最令人注目之处，大都位于公园中心、宽为1.6公里的谷地。艾尔·卡彼坦（El Capitan）、半圆拱山（Half Dome）、约塞米蒂瀑布（Yosemite Falls）、布达尔维尔瀑布（Bridalveil Falls）、观光者中心、阿威纳（Ahwahnee）印第安人村、印第安人文化博物馆、约塞米蒂精美艺术博物馆和有历史意义的阿威纳宾馆都位于这里。

❖ 红杉林雪景

给人印象深刻的艾尔·卡彼坦山是世界上最大的露天花岗岩独块巨石，高2096米，高度是英国直布罗陀岩石山（The Rock of Gibraltar）的2倍。艾尔·卡彼坦山位于谷地的西侧，步行、乘车或自己驱车，都易于到达。

❖ 优山美地湖泊

半圆拱山峰，形状像"鹰嘴"，故又有鹰嘴峰（Eagle Peak）之称，在西侧断裂的垂直面，由于天然的风化侵蚀而劈成两半。

麦舍河支流与小溪环绕谷地从悬崖流出，形成动人心弦的瀑布。约塞米蒂瀑布（Yosemite Fall）是北美最高的瀑布，也是世界第五大高山瀑布。上部瀑布（436米）、中部瀑布（206米）和下部瀑布（98米），三段总长为740米。

另外，游客还可观赏布达尔维尔瀑布。该瀑布高189米，它以"浦荷奴（Pohono）"或"阵风（Puffing Wind）"而闻名，因为在游客观赏时，可看到风从各个方向刮起高达6米高的大雾。

旅客还可以漫步于约塞米蒂谷地，考察约塞米蒂谷地地质和生态，观光阿威纳印第安人村落，游览重建的米沃克–皮尤（Miwok-Paiute）印第安人文化博物馆和约塞米蒂艺术品博物馆。游客可透过阿威纳村住房塔形窗户，遥望那垂直山冈表面周围美丽的风光。

❖ 在约塞米蒂露营

冰河峰顶（Glacier Point），高 2198 米，在悬崖峭壁上，离约塞米蒂谷地以南 48 公里。在冰河峰顶，可眺望谷地、鹰嘴峰、内华达瀑布（Nevada Fall）、弗纳尔瀑布（Vernal Fall）、约塞米蒂瀑布和其他山峰。

离谷地 58 公里，在瓦沃纳（Wawona）附近，有一个名叫玛里波萨的大森林公园，园中有世界上最大的三种巨大红杉林。

在玛里波萨大森林公园的东部泰奥加路（Tioga Pass），是夏天徒步旅行、攀登岩石山、水上运动和露营的大门口。该公园的最高山峰里约尔山峰（Mt. Lyell）海拔 4000 米。

景色最壮观的地方，往往是游客最难到达的地方，约塞米蒂国家公园也不例外。冬天这里冰雪封山，游客罕至；夏天，则是旅游旺季，拥挤不堪。

约塞米蒂登山运动学校，教授攀登岩石山和负重跋涉的课程。水上运动(包括钓鱼、划船、风帆、游泳)、骑单车、骑马和高尔夫球等项目，任君选择。在冬天，则有滑雪、滑冰等运动。每年，该公园还举办大型会议、婚礼和宗教活动。

红杉与帝王峡谷国家公园 (Sequoia and King Canyon National Parks)

在内华达山脉西侧与帝王峡谷国家公园内，有着许多耸立在花岗岩山冈上的原始红杉林、高山湖泊、草地、峡谷。这里距离旧金山东南 420 公里，离北面约塞米蒂国家公园 322 公里。这两个毗邻着的国家公园，总面积为 187070 公顷，每年有 150 万游客观光。

❖ 谢尔曼将军树及铭牌

❖ 被切割的大树横断面和大树树干（上、下）

约翰·缪尔（John Muir）曾用“地球上最美丽最雄伟”词语来描述这种红杉树。这种红杉树之所以长得如此之大，是因为它终身快速生长，并且，它能活得如此之久是因为它有150~200毫米厚的树皮对它的保护。这种大红杉，于1872年首次在美国黄石国家公园被人们发现。成千上万棵巨型红杉林所在的区域，是红杉国家公园的心脏地带。18世纪后期，几棵巨型大树被切割成几个大洞，建成通道。

红杉国家公园内的摩罗岩石山（Moro Rock），海拔2050米。这里有一棵谢尔曼将军树（The General Sherman Tree），这是地球上现存最大的生物，树龄估计在2300~2700年之间。该树高84米，树围长31米，树根部最大直径11.1米，离地面上部18.3米处树径为5.3米，离地面上部55米树径为4.3米，最大树枝的直径为2.1米，估计树干总重为2512吨，树干容积为1486.6立方米。

❖ 所谓“世界之最”的大树

离开红杉国家公园，可到内华达山脉中部、海拔2194米的乌萨契度假村投宿（Wuksachi Lodge）。度假村中的小屋，有许多房间，在这里可观赏山峰宏伟壮观的风光。

这两个公园由一个行政部门统一管理。从旧金山驱车到此约需6小时。而从洛杉矶驱车到此约需5小时。这两个公园，都很容易从弗雷斯诺（Fresno）进出。

太浩湖（Lake Tahoe）

太浩湖，有“天空中湖泊”的美誉，由加利福尼亚州和内华达州共同管理。该湖长 35.2 公里、宽 19.2 公里，是北美最大的高山湖泊。该湖储水量十分丰富，若用这些湖水覆盖整个加州，水深可达 35.5 厘米。

马克·吐温（Mark Twain）曾经这样形容太浩湖：“壮丽的一大片深蓝色湖水，从海平面升高至 1920 米，它由覆盖着冰雪的山峰作为围墙……我想它必定是整个地球所提供的最绮丽的美景。”他又说：“这样奇特的清水，仅仅是在 6–9 米深处所显露，那么，小船就好像飘浮在空中一样……每个小卵石都清晰可见……水越深，就越透明……鲑鱼尾尾，使人眼花缭乱。”

太浩湖的湖水，像蒸馏水那样的纯净无瑕，很适宜游泳。太浩湖有 115 公里长的岸线，驱车 3 小时可绕湖一周。这里的南太浩湖（South Lake Tahoe）和绿宝石湾（Emerald Bay）都是理想拍照场所。

太浩湖山清水秀，风景优美，确是少有的游玩和休闲的好去处。湖泊最深处有 457 米。由于水深不一，湖面的颜色各异，极富特色。在这里，人们可租

❖ 太浩湖一角

快艇自开自游，甚有风趣；也可乘豪华游轮，极目欣赏水天一色及湖岸迷人的湖光山色。

太浩湖周围有 10 多个滑雪场。在南太浩湖附近，有克活（kirkwood）滑雪场；在北太浩湖西面，有原印第安女人谷地（Squaw valley）及奥林匹克谷地（Olympic Valley）等滑雪场，这里曾是 20 世纪 60 年代冬季奥运会的场地，现在则是冬季（11 月–5 月）滑雪爱好者喜爱滑雪的地方之一。

此外，离太浩湖不远的唐纳湖（Donner Lake）山清水秀，风光旖旎，也值得前往观光。

洛杉矶（Los Angeles）

洛杉矶市区，从太平洋东岸凉爽的平原，一直延伸至暖和的丘陵地带和峡谷，占地 1215 平方公里，由比弗利山庄（Beverly Hills）、圣莫尼卡（Santa Monica）、好莱坞（Hollywood）、帕萨迪纳（Pasadena）和长滩（Long Beach）独立区域组成。毗邻的橙县（Orange County）是迪斯尼乐园（Disneyland）和新迪斯尼

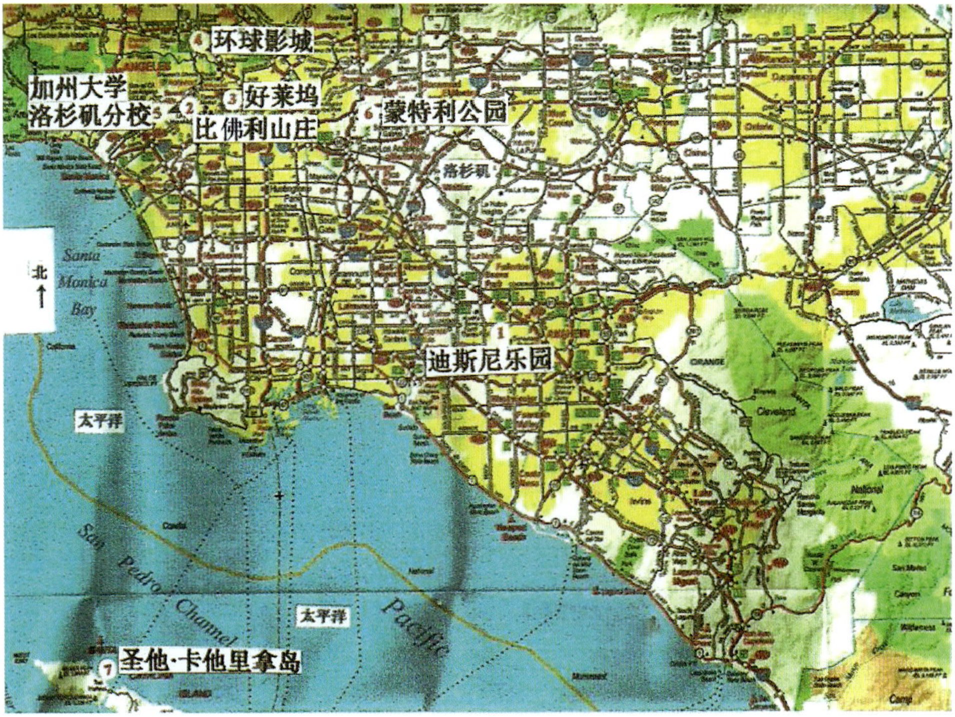

❖ 洛杉矶地区及周围岛屿简图

加州探险公园（Disney's new California Adventure）的所在地。蜘蛛网式高速公路，把该市各个社区联结在一起。

洛杉矶常住人口 360 万，仅次于纽约市，是加州最大的经济中心、国际贸易的门户。此外，该市还是美国动漫、电视、广播和电影制作中心。

到洛杉矶市观光旅游，至少需要 3 天时间。第一天，可沿着海岸，游览著名的海滩社区，可在马里布（Malibu）、圣莫尼卡和威尼斯（Venice）海滩停留，观赏圣卡塔琳娜海岛（Santa Catalina Island）绮丽风光。第二天，驾车起程，通过电影明星豪华住宅区、比弗利山庄，沿明星商店的罗迪欧车道（Rodeo Drive）步行，然后，驱车去好莱坞（Hollywood），游览电影制片厂（Studio City）和环球影城（Universal Studios），接着步行游览帕萨迪纳老城区。第三天，去迪斯尼乐园和迪斯尼加州探险公园参观。

迪斯尼乐园（Disneyland）

迪斯尼乐园，位于洛杉矶阿纳海姆（Anaheim）区 5 号高速公路旁，它是一座举世闻名、老少咸宜的游玩乐园。迪斯尼乐园从 1955 年向游客开放以来，每年从世界各地到乐园观光的旅客达 1000 万人次。正因为乐园具有如此大的吸引力，随后，在日本东京、法国巴黎和中国香港等大都市，都不惜重金，相继建成了迪斯尼乐园。

❖ 迪斯尼乐园大门

迪斯尼乐园所在地原是柑橘园。这个地区最早的居民是德国移民，当时移民把这个小镇命名为阿纳海姆。迪斯尼乐园，由下面八个部分组成：

美国大街（Main Street，U.S.A.）。重现 20 世纪初美国小城镇的生活。在古迹与探险，可见到蒸汽火车从大门入口上空的铁轨通过，主街道旁有卡通电影院、早期消防车、老式马拉有轨电车、古董汽车（Horseless Carriage）、双层汽车（Omnibus）等，还有沃尔特·迪斯尼和美国第 16 届总统林肯的生平展览。商店有音乐商店、糖果店、瓷器店、水晶玻璃店、迪斯尼服装店、珠宝店和钟表店等；

❖ 迪斯尼乐园主要景区简图

❖ 童话世界景观

餐馆和小吃店有糕饼铺、咖啡厅、雪糕店、风味食品和沙拉店等。

神奇的探险活动区（Disney' s California Adventure Park）。有音乐伴奏的夏宴会、热带鸟和 Tiki 神的表演，有高速而惊险的急转弯、穿越崎岖不平地带的探险活动、热带丛林之旅等。该区商店有百货商品店、海洋工艺品、热带进口商品和《印第安纳·琼斯历险记》的纪念品（Indiana Jones Adventure Outpost）；餐馆和小吃店有烤肉、水果车和果汁店。

迪斯尼公园（Disneyland Park）。该区有高速而惊险的弯曲滑坡飞车、夜间歌舞演出、投币射击游戏、真人表演、蒸汽船、乘木筏前往汤姆·索亚岛（Tom Sawyer Island）、乘哥伦比亚号船探险。商店方面有美国西部服饰、以西部垦荒为主题的纪念品、西式礼品和糖果店。餐馆和小吃店有烤肉、传统的美国自助餐、汉堡包、热狗和饮料，由麦当劳（McDonald）提供的炸薯条和饮料。

❖ 一姐弟俩在“小小歌舞世界”前

迪斯尼梦幻世界（Fantasyland）。该区有小木偶皮诺曹探险、睡美人城堡、白雪公主的惊险历程、爱丽丝（Alice）梦幻仙境、过山车、遨游太空、骑术比赛、巨型茶杯转椅、乘雪橇飞越“陡峭”山峰的滑坡飞车、马戏场列车、小飞象、真人表演、小小歌舞世界，以及乘船游览等活动。商店方面有各种玩具和礼品店、纪念品店、王子商店等。餐馆和小吃店有汉堡包、意大利馅饼和沙拉等。

❖ 小公主签名

明日世界区（Tomorrowland）。这里有围绕宇宙模型旋转的高架车、圆环形喷泉、往返本区和迪斯尼宾馆的单轨车和蒸汽火车、展示新产品和新技术的展览、“太空”遨游（Space Mountain）等。商店里有“明日世界”为主题的各种商品、宇宙星空礼品和纪念品、帽店等。餐馆和小吃店有现做现卖的比萨饼、通心粉、汉堡包、三明治、沙拉和饮料。

米老鼠游乐城（Mickey’s Toontown）。这里有漫步唐老鸭之船、访问米老鼠的家、树屋、蹦蹦房、蒸汽火车、电车、罗杰（Roger）旋转车。商店有糖果店和纪念品。餐馆和小吃店有便利餐、热狗店、冻奶酪和饮料。

新奥尔良广场（New Orleans Square）。在这里，可看到再现新奥尔良市昔日迷人的风光。这里还有鬼屋、蒸汽火车、海盗和失传的财宝、画展等。商店有水晶玻璃店、化装舞会用品店、装饰用品店、稀有珠宝和古董首饰店、“海盗”商品店、烹调礼品店、糖果车、雨伞售货车和画廊。餐馆和小吃店有路易斯安那州风味店、南方风味餐馆、糕饼铺、咖啡店、果汁和咖啡店、快餐店等。

动物天地（Critter Country）。这里有熊表演、独木舟观光、人造水道滑行和投币游戏机等。商店有迪斯尼卡通人物纪念品店、小熊纪念品店和游乐场纪念照相馆。小吃有快餐和饮料、汉堡包、三明治、沙拉和甜点以及海鲜小吃等。

值得一提的是，每年春季到秋季周末太阳落山以后，都举办大街电动车游行，游行时有鼓乐伴奏，乐园主人翁米老鼠参与其中，还有《睡美人》、《美人与怪兽》等著名童话故事表演的彩车游行，场面甚为热烈壮观！特别是少年儿童，紧跟着游行队伍，尽情唱呀，跳呀，非常开心！游行之后，在迪斯尼乐园内，还举办烟花晚会。

比弗利山庄（Beverly Hills）

比弗利山庄在好莱坞西边，与加州大学洛杉矶分校（UCLA）毗邻，人口3.4万人。比弗利山庄居住着众多的美国著名的电影明星。这些明星的住宅非常宽大，堪称大厦般的豪宅，其户外的花草树林，都是经过精心修整的。

在19世纪末至20世纪初，这里的农田主要种植青豆。后来，房地产开发商抓住商机，逐步把它改造成为许多明星“离开家的家”。这些明星在这里过着“天堂”般的生活。现今，许多游人来到这里，大多数并不是观赏安保严密的明星住宅，而是想看看过去明星们曾住过的地方，想看看玛丽莲·梦露（Marilyn Monroe）和棒球明星乔·迪马杰奥（Joe DiMaggio）共同住过的豪宅。

好莱坞（Hollywood）

好莱坞在1910年划入洛杉矶之前，这里是一片农田，而如今，这里已是世界上最大的电影制片厂所在地，占地170公顷。“好莱坞”英文名“HOLLYWOOD”竖立在好莱坞山的山顶上，每个英文字母高15.2米，总长为137米，在很远处眺望仍能清晰可见！

❖ 中国剧院

在这里，游客可以目睹神奇的太空战、模拟“大地震”场面等惊险镜头的拍摄，还可观赏山洪暴发、十戒电影里摩西过红海及大白鲨、外星人 ET 等精彩节目。在影棚的大厅内，还设有为儿童放映的电影片段。

游客在游览了电影制片厂之后，可到“星光大道”，与自己喜爱的超级巨星的手印、脚印和格言等留影纪念。

环球影城（Universal City）

环球影城，距离好莱坞北面约 5 公里处。这里的大部分活动都与电影息息相关，长期放映以环球影城为背景的多媒体影片《好莱坞的历程》。

环球影城的标志性建筑，有美国广播公司娱乐大楼、世纪广场酒店（Century Plaza Hotel）和舒伯特剧场。此外，还有约 140 家购物中心和商店，游客也值得一去。

游客还可以游玩侏罗纪公园，面对“活灵活现”的恐龙，乘坐《回到未来》（Back to the Future）大片中那部穿越时空的车子，亲身经历《水中世界》（Water World）

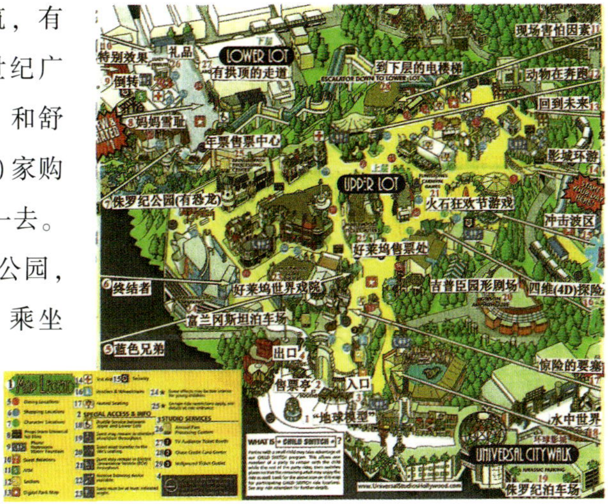

❖ 环球影城导游简图

❖ 环球影城巨型地球模型

影片中的水上战役的过程，别有情趣。同时，还能欣赏到电影明星现场表演。

里根图书馆和博物馆
(The Ronald Reagan Presidential Library and Museum)

里根图书馆和博物馆，自 1991 年对外开放以来，已有数百万人前往参观。该馆建造在加州西米谷（Simi Valley）的山丘高处，从该馆可眺望连绵不断的山脉和太平洋。整个建筑占地 40 公顷。

里根总统图书馆保存里根总统在位时许多文件和复制品，从中可查到一些有价值的资料。

比较而言，里根总统图书馆，是众多总统图书馆中最大的一座。该馆拥有超过 5500 万页个人和行政管理人员的文件，1600 万幅照片，2 万套录像带，25000 套录音带和 67 万英尺长的电影胶片，供历史学者和研究者查阅。

里根博物馆收藏了具有历史和个人意义的数量繁多的展品，其中就包括一些国家赠送给里根总统及其夫人的礼品。

里根博物馆还有总统专机“空军 1 号”及停机棚供游客参观。

❖ 里根总统图书馆和博物馆（★）地理位置图

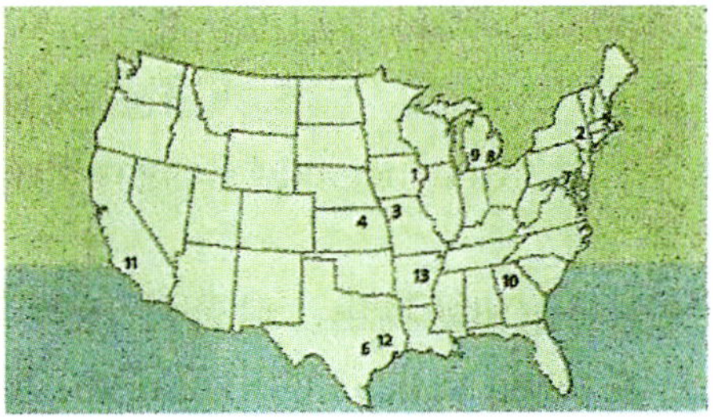

❖ 美国 13 个总统图书馆分布图

棕榈泉（Palm Springs）

棕榈泉在洛杉矶之东约 150 公里处。这里气候温暖、干燥，具有世界级的高尔夫球场和优良的度假村和餐饮业，全年都吸引着众多游客前来游玩。这里的社区有一些古怪的法规。前市长桑尼·波奴（Sonny Bono）在 1991 年批准了一项反对穿着泳装的法令，不容许有广告牌，不允许有汽车旅馆（motel）。

全年约有 100 场高尔夫球赛和羽毛球比赛在棕榈泉举行。棕榈泉的空中索道（Aerial Tramway）的缆车车厢可载客 80 人，是目前世界上最大的可缓慢旋转

❖ 棕榈泉度假村

❖ 山顶电缆车站

360°的车厢。它从海拔805米的谷地车站出发，把游客带上4公里长、激动人心的历程，最终到达海拔2595米的山顶车站，沿途谷地及周围风光尽收眼底。在山顶上，有各种各样的休闲娱乐活动设施，可供游客选择。

在山顶车站后面，就是圣哈辛托州立公园（Mount San Jacinto State Park）。该公园占地5666公顷。公园里有86公里长的步行小路、原始野营地和探险中心。

在棕榈泉，还有一座棕榈泉荒地博物馆，里面有20世纪美国和中美洲民族的艺术品收藏，还有一个自然科学画廊。在棕榈泉还有一些颇有吸引力的地方，如荒野植物花园和绿洲水公园。

约书亚树国家公园（Joshua Tree National Park）

约书亚树国家公园，在洛杉矶市以东约150公里处。公园占地超过3200平方公里，坐落在莫哈韦沙漠（Mojave Desert）和科罗拉多沙漠（Colorado Desert）的交会处。公园在印地欧（Indio）以东I-10高速公路的40公里处和29棵棕榈树快速公路 62(Twenty-nine Palms Highway 62) 处有两个入口。

❖ 公园内巨大的扎沙树和扎沙树林（左、中）
❖ 公园内的仙人掌（右）

玛拉绿洲（The Oasis of Mara），又称 29 棵绿洲，是公园中 5 处棕榈树绿洲之一，对游客具有很大的吸引力。徒步爬上岩石山岗，沿途眺望乔耶仙人掌花园（Cholla Cactus Gardens）、隐谷（Hidden Valley）及其周围景点，都是游客到此地观光的主要目的。

约书亚树国家公园的土地，从表面上看是一片荒凉的不毛之地。但是，这里却生存着许多天上飞的、地上爬的、能钻洞的稀有动物，例如：一种类似北美洲西部小狼的恶狼（Coyote）、躲藏于地下的猫头鹰（Burrowing Owl）、短尾猫（Bobcat）、金鹰（Golden Eagle）、属杜鹃鸟族的陆栖走鹃鸟（Roadrunner）、蜥蜴（Lizard）等。还有一些罕见的植物，例如：扎沙树、丝兰（Yucca）、加州的桧属植物（Juniper）和扇形棕榈树（Fan Palm）等。可见，这块荒芜之地，原来却是令人惊奇的生物多样性和复杂性的陆地。在当今，人们有机会去这样的荒山野岭，细细品味那万物互相依存、相互竞争的情趣，尽情享受那节奏缓慢、苍天赐予人们那种奇特的大自然的景观，确实是一种难得的体验。

❖ 天堂镇赌场及海湾风光

圣卡塔琳娜岛 (Santa Catalina Island)

圣卡塔琳娜岛，是一座岩石海岛，位于洛杉矶西南面 32 公里太平洋上。该岛长 35 公里，中部最宽处为 13 公里，面积为 194 平方公里。据 2000 年人口普查，全岛人口为 3696 人，其中，85%人口住在该岛最大的城市——天堂镇（Avalon City），其余人住在城外。该岛海拔最高的山为奥里萨巴山（Orizaba），高 639 米。

圣地亚哥（San Diego）

❖ 圣地亚哥各行政区分布图

圣地亚哥，位于加利福尼亚州最南端，离墨西哥西北部边境城市提华纳（Tijuana，Mexico）仅半小时车程。

圣地亚哥，当地居民约 120 万，若加上地铁系统能到达的地区的人口，则增至约 260 万，它是加州第二大城市，是美国第 6 大城市，面积为 10891 平方公里。

圣地亚哥，曾是西班牙人在加利福尼亚的首个村落，也是由西班牙探险者施伯斯丁·韦兹卡奴（Sebastian Vizcaino）在 1602 年为西班牙人富兰施斯冈·圣（Franciscan saint），为圣·地亚哥·地·阿克拉（San Diego de Alcala）所取的名称。

❖ 海滩岸边大酒店

圣地亚哥冬暖夏凉，又是天然良港，每年吸引着成千上万的游客到此旅游。该地区的西海岸，是美国海军基地。许多船舶，经常出没于该海港，商业交往甚为繁忙。科学技术对当地经济贡献良多，萨克研究所（Salk Institute）和斯克里

❖ 老城区州立历史公园及公园内休闲人群

普斯海洋学研究所（Scripps Institute of Oceanography），都在这里。

巴波亚公园（Balboa Park）位于市区内，占地486公顷，可眺望太平洋。闻名于世的圣地亚哥动物园，具有峡谷与高山的魅力，动物园里很多动物就好像生活在野外的自然环境之中。动物园里有中国赠送的熊猫长年展出，很逗人喜爱。

圣地亚哥老城区，有许多早期西班牙式的楼房。在夏日星光灿烂的夜晚，世界各地大名鼎鼎的音乐家争相在圣地亚哥歌剧院登台演出。此外，人类博物馆、照相艺术博物馆、自然历史博物馆、体育锦标赛博物馆、球形剧院和高尔夫球场，都很吸引游客去参观。

圣地亚哥宇航博物馆有许多飞机及其实物的复制品。在市中心的民族历史区域保存着许多维多利亚式（Victorian）建筑和鹅卵石街道，别具一格，另有风味。此外，圣地亚哥野生动物园（Wildlife Animal Park）和米慎湾水上公园 / 海洋世界（Mission Bay Aquatic Park/Sea World），也值得一去。食住方面，价格不一，自由选择。

加州大学圣地亚哥分校（University of California，San Diego，亦称 UCSD 或 UC San Diego），是加州大学 10 个校园之一，位于太平洋岸边拉乔拉。该校始建于 1959 年，占地 4.9 平方公里。这里气候温和，风景优美，环境幽静。

这座大学教职工 7566 人，其中有 8 位诺贝尔（Nobel）奖获得者。

圣地亚哥分校图书馆设计新颖，有创意，很有特色，受人称赞。

❖ 加州大学圣地亚哥分校图书馆

❖ 加州大学圣地亚哥分校校区一角

乐高公园（Legoland Park）

乐高公园内所有的风情、人物、动植物及各类玩具等，几乎都用“积木”来表现，这对培养和提高儿童的想象力、模仿性和创造力，无疑是非常有益的，很值得游客来此“潇洒走一回”！

❖ 乐高公园大门前

❖ 轨道运行积木车

俄勒冈州

(Oregon State)

俄勒冈州，东接爱达荷州（Idaho State），西濒太平洋，南邻加利福尼亚州（California State）和内华达州（Nevada State），北连华盛顿州（Washington State）。面积251572平方公里，是美国第十个大州，人口约340万。

很久以前，俄勒冈州被称为“水獭州”（Beaver State）。这是由于俄勒冈的溪流里盛产水獭，用水獭皮制成的裘帽，曾一度在东部城市流行。现在，俄勒冈州的经济，除了电子工业和旅游观光业成为它的基础之外，在很大程度上还是依靠农林业。

该州的风光多姿多彩，引人注目。沿着太平洋海岸US-101快速公路，可欣赏俄勒冈海岸山脉的岩层和高耸入云的山峰的风光。

喀斯喀特山脉（Cascade Range）在俄勒冈州境内向南北方向延伸，山脉中很

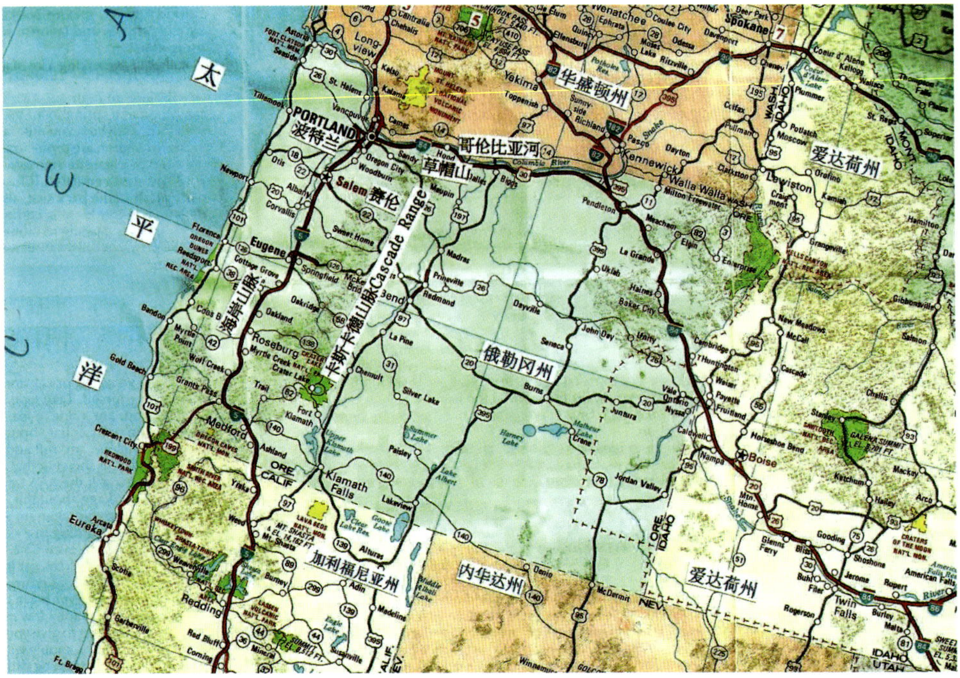

❖ 俄勒冈州地理位置图

多山峰海拔超过3000米。山脉给该州最大的城市波特兰（Portland）提供异常寂静和壮观的美景！

喀斯喀特山脉把内陆分隔成威拉米特谷地（Willamette Valley）和俄勒冈海岸地区，从而形成两个不同的气候带。在山脉的西部，由于有海岸潮湿的空气，雨量充沛，很适宜道格拉斯（Douglas）冷杉、锡卡（Sitka）云杉和西部铁杉（hemlock）等针叶树的生长；在山脉的东部，是俄勒冈州的大沙漠地区，只能偶见巨型松树。

波特兰（Portland）

波特兰是俄勒冈州最大的城市，人口50万。1829年，首批拓荒者来到这里。

波特兰位于威拉米特河（Willamette River）和哥伦比亚河（Columbia River）交汇处，是美国众多漂亮的城市之一。该市有许多绿草如茵的草地和郁郁葱葱的树木。

波特兰市有200多个公园，包括美国城市之内最大的森林公园（Forest

❖ 玫瑰园

❖ Multnomah 瀑布

❖ Grotte 岩洞教堂

Park)。该市西部陡峭的高山之中有许多历史遗迹，各种建筑风格应有尽有。威拉米伊特高地（Willamette Heights）是波特兰保持最完整的 20 世纪初的建筑，几乎每座房屋都是 1915 年以前建造的。其中最著名的彼托克大厦（Pittock Mansion）就位于面积为 19 公顷的公园内，从大厦上可以远眺胡德山（Mt Hood）冰雪覆盖的奇特景观。

塞勒姆（Salem）

塞勒姆是俄勒冈州府所在地，它是富饶的威拉米特谷地的“心脏”，也是俄勒冈州的第三大城市，人口约 12 万。

基督教卫理公会（Methodist）传教士是塞勒姆最早的居民。1849 年，俄勒冈市（Oregon City）成为该州首府。

约翰·德·贝恩房屋（John D. Boon House）建于 1847 年，是塞勒姆最古老的家族式住所。

艾辛诺剧院（Elsinore Theater）类似艾辛诺古堡（Elsinore Castle）的建筑，于 1925–1926 年间建成。它的内部采用的是都铎·哥特式（Tudor Gothic）设计，其中的一些彩色玻璃是从第一次世界大战期间被炸毁的德国教堂中获得的。剧院的沃利策管风琴（Wurlitzer Organ）有 1664 根风管，是美国最大的风琴之一。演奏家詹姆斯·厄尔·琼斯（James Earl Jones）、伯娜黛特·皮特丝（Bernadette Peters）和格伦·米勒乐团（Glenn Miller Band），都曾在这个舞台上演奏过。

塞勒姆周围都是威拉米特谷地的酒厂。

银色瀑布州立公园（Silver Falls State Park），位于塞勒姆东部，是俄勒冈州最大的公园，占地 3524 公顷。公园里有很多道格拉斯冷杉和西部异叶铁杉(Western Hemlock)。公园里几公里长的小路随处可见巨型的羊齿树（Fern）和俄勒冈葡萄(Oegon Grape)。鹿是公园里常见的动物，而水獭在公园里的溪流和河道中屡见不鲜。

波特兰国际机场位于塞勒姆州际高速公路 I-5 以北 72 公里处。

草帽山（Mt Hood）

草帽山是俄勒冈州的最高山峰，高为 3427 米，位于 US-26 公路尽头。

这座沉寂多年的巨型山峰有 11 条冰川，使它的斜坡更加优美雅致。这座山峰，至今在它的西南山口，仍然有硫化物蒸汽溢出。

每年大约有 1 万多人攀登草帽山。这里有受人喜爱的木板小路，绕着山峦铺设，经过高山、草地和溪流，全长约 60 公里。许多供住宿用的木屋，则建造在山南面山坡中部。1937 年建成的历史性地标建筑，则是喀斯喀特建筑艺术的最好范例：木屋内部，使用了当地木材；在门的扶手和外部的栏杆上，有华丽的雕刻。

波特兰国际机场离草帽山很近。

❖ 草帽山

华盛顿州

(The State of Washington)

华盛顿州是一个风光奇特、令人称奇的州。州内众多的山脉、茂密的森林和奇美的海岸线都很受人喜爱。该州位于美国的西北部，西濒太平洋，北邻加拿大英属哥伦比亚省（简称 BC 省或卑诗省），东接爱达荷（Idaho）州，南连俄勒冈（Oregon）州，与华盛顿州共享哥伦比亚河峡谷（Columbia River Gorge）。

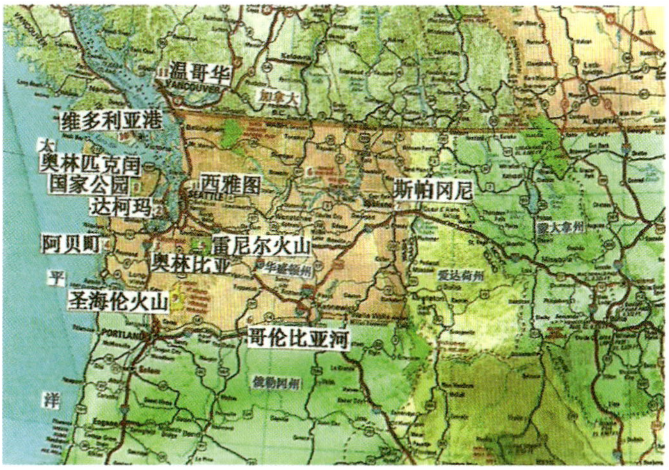

❖ 华盛顿州地理位置图

华盛顿州别名为“常绿州”（The Evergreen State），盛产冷杉、松树和铁杉。世界许多著名的大公司，如波音（Boeing）公司、微软（Microsoft）公司，都在该州设有总部或分支机构。该州的航空航天和计算机工业非常发达。

华盛顿州的最高峰，是暂停活动的、终年积雪的雷尼尔（Mt. Rainier）火山，海拔 4395 米。喀斯喀特山脉把华盛顿州分成两半：山脉西面气候温和，土地肥沃，雨量充沛。其中，大西雅图是工业、商业、金融业和文化的大都会，而奥林匹亚（Olympia）则是政治大都市。在山脉东面，其面积约占该州 2/3，年平均降雨量只有 250 毫米。斯波坎市（Spokane）是该地区的商业和运输业的中心。

西雅图（Seattle）

西雅图是华盛顿州最大的城市，人口 230 万。这里在 19 世纪还是一个小海港，现在已发展成为一个世界性的太平洋的门户，以航空工业和计算机工业闻名于世。

1851 年，在欧洲殖民者登陆这里之前，在这里居住着焦华梅施（Duwamish）和绍凯梅施（Suquamish）等美国土著。西雅图就是以美国土著的首领西雅图来命名的。

太空针塔（Space Needle）

❖ 西雅图“太空针塔”

太空针塔（Space Needle）是西雅图的一个高塔，是美国太平洋西北地区主要的地标性建筑，也是西雅图的标志。该塔位于西雅图市中心，是 1962 年为举办世界博览会而建造的。

太空针塔高 184 米，总重量为 9550 吨。刚建成时，它曾是密西西比河（Mississippi River）之西最高的建筑，可抗拒时速 320 公里的大风，也可抗拒 9.1 级地震。该塔塔顶有 25 杆照明灯柱。

太空针塔在 152 米处有“天空城市”（Sky City）之称的天空餐厅（直径为 28.8 米）和礼品店，在 160 米处有一座观赏棚。在塔顶，不仅可以饱览西雅图市的风光，还可眺望奥林匹克（Olympic）山脉、喀斯喀特（Cascade）山脉、雷尼尔山（Mt. Rainier）、贝克山（Mt. Baker）、艾略特湾（Elliott Bay）及其周围的岛屿。

观光者可以乘电梯至塔顶，电梯时速为 16 公里，需时 43 秒至塔顶。在大风的时候，电梯速度减慢一半，为 8 公里/时。1999 年 4 月 19 日，该塔被市地标保护委员会(City's Landmarks Preservation Board）选定为历史性地标。

❖ 从“太空针塔”看城市风光

波音公司（Boeing Company）

❖ 西雅图波音公司室内展览大厅

❖ 波音公司露天飞机展厅

众所周知，波音公司是世界著名的航空和宇航公司，也是世界上最大的商用喷气式客机和军用航空器的联合生产商。该公司的业务，已扩展到全球145个国家和地区。

波音公司在西雅图设有室内展览大厅和露天展览场所，可供游客免费参观。

在西雅图市内和市郊，有公共汽车和有轨电车服务，有城市护照（City Pass）出售，票券9日内有效。游客可凭票进出"太空针塔"（Space Needle）、太平洋科学中心（Pacific Science Center）、西雅图艺术博物馆（Seattle Art Museum）、西雅图水族馆（Seattle Aquarium）、森林公园动物园（Woodland Park Zoo）和波音公司飞机博物馆（Museum of Flight）。城市护照还可参观一些历史性建筑群、商店、餐馆、夜总会和路边咖啡厅等。

从北向南的I-5高速公路和从东向西I-90高速公路，都是去西雅图的主要路线。西雅图-塔柯玛（Sea-Tac）国际机场可提供空中航线服务。

阿拉斯加州

（Alaska State）

阿拉斯加州面积1593446平方公里，是美国地理面积最大的州，占美国国土面积1/5，但它的人口只有626932人（2000年统计）。

阿拉斯加州有300万个湖泊、1800个岛屿和5000条冰川。其中有一条冰川比瑞士（Switzerland）面积还要大。阿拉斯加有北美的最高山峰——麦金利山峰

❖ 阿拉斯加地理位置简图

(Mt McKinley)、9 个国家公园和保护区。

阿拉斯加夏天日长夜短，6 月末至 7 月，即使在日落之后，野外仍然清晰可见。

安克雷奇（Anchorage）和费尔班克斯（Fairbanks）都是阿拉斯加州最大的城市。

据考证，在 4 万年至 3 万年前的冰河时期，游牧民穿越联结西伯利亚（Siberia）和阿拉斯加（Alaska）的陆地。他们的后裔就是现今仍然生活在这里的美国 5 个土著部落。

阿拉斯加盛产黄金、石油和三文鱼（salmon）。旅游业是该州第二大产业。

朱诺（Juneau）

朱诺是阿拉斯加州州府所在地，位于一座巨石山下，周围被森林所包围。

朱诺人口约 3 万。高耸入云的商业大厦、写字楼、文化大厅、立法院和购物中心等，被散乱的冰川、终年积雪的山峰和深蓝的海洋所环绕。狭窄街道两旁，交错排列着新旧楼房，屋顶尖陡，附有楼梯（间）。游轮、渔船和水上飞机（Float plane）都停泊在水面上。

朱诺是徒步旅行的好去处。游客沿着 7

❖ 远处白雪皑皑的雪山

❖ 曼登荷冰川

公里长的罗伯特峰小道（Mt. Roberts Trail），可到达该镇上部的山峰。乘坐豪华游轮的旅客，可乘坐电缆车（tram），并在缆车车厢内观赏餐馆、剧院和登山行走的小道。

朱诺有许多冰川闻名于世，有“冰川之门”（Gateway to the Glaciers）的美誉。游客用蓝色遮光镜可观看冰川的冰雪；摘下后，可眺望远处白雪皑皑的雪山美景。著名的柠檬溪冰川（Lemon Creek Glacier）、哈贝特冰川（Herbert Glacier）和天鹰冰川（Eagle Glacier）都在朱诺的北面，游客可开车去柠檬溪冰川游览；而哈贝特冰川和天鹰冰川，可沿着小道步行到达。

锡特卡（Sitka）

锡特卡人口8600人，面积12200平方公里。就面积而言，它是北美最大的城市。每年7月份，白天长达18.5小时；而冬季白天只有6.5小时。夏天平均温度15.6℃。年平均降雨量2410毫米。

锡特卡最初有一个特连吉（Tlingit）印第安人村落。从1867–1906年，锡特卡一直是阿拉斯加的首府，之后，首府才迁移到朱诺。

❖ 锡特卡部分海景（上）
❖ 圣米歇尔教堂（下）

在日本进攻珍珠港之后，锡特卡变成了海军基地。战争期间，锡特卡总人口曾达到 3.7 万人。1959 年，当阿拉斯加木材制浆公司在锡特卡附近银湾（Silver Bay）建立纸浆厂时，那是锡特卡最兴旺发达的时期。

凯奇坎（Ketchikan）

凯奇坎，人口 1.5 万，面积 9 平方公里，距西雅图以北 1040 公里，在朱诺以南 384 公里。

❖ 停泊在凯奇坎码头的豪华游轮

凯奇坎夏天温度在 15.6–21℃之间，年平均降雨量为 3900~4050 毫米，每年雨天约有 240 天，所以，它是北美最潮湿的地区。这里常有洪水发生，因此，许多商业楼宇和房屋都在山腰上筑有支撑（柱）物，用迂回曲折的楼梯和木板人行道进出。夏天，这里日照时间在 16~18 小时。

凯奇坎是美国阿拉斯加在加拿大之北的首个城市，距离鲁帕特王子（Prince Rupert）145 公里，只能由海上进出。

特连吉印第安人最早住在这里，他们夏天捕鱼。每年有 5 种三文鱼在此产卵。

❖ 有“图腾柱”的木屋

观光旅游业是杰切冈经济的重要来源，同时凯奇坎还是捕鱼、罐头制造和采伐木材基地。

凯奇坎还有“第一城”之称，因为它是向北旅游接触的第一个阿拉斯加地区，它有两种东西而久负盛名。

图腾柱（totem poles）

凯奇坎比世界上其他任何地方都有更多的图腾柱，尤以以下地方著名：其一，在绳环缚住图腾柱的州立公园（Totem Bight State Park）；其次，在撒克曼民族村（Saxman Native Village）。这两处，都有很大很多的图腾柱；其三，在图腾柱传统文化中心（The Totem Heritage Cultural Center）。

三文鱼（Salmon）

凯奇坎盛产三文鱼。每年世界各地的体育爱好者和商业渔民，都云集到这里捕捉三文鱼。这里每年饲养 15 万条帝王三文鱼（大马哈鱼）和 15 万条银色三文鱼。这些饲养的三文鱼部分被放回当地水面。

夏威夷群岛

(Hawaii Islands)

夏威夷，别名“问好州”（The Aloha State），人口约 120 万，总面积 16729 平方公里，是美国第 47 个大州。位于中部太平洋，是美国唯一的岛州，由 130 个大大小小的岛屿组成，其中有八个主要岛屿，它们分别是尼豪岛（Nihau）、可爱岛（Kauai）、欧胡岛（Oahu）、莫洛凯岛（Molokai）、拉纳岛（Lanai）、霍奥拉韦岛（Kahoolawe）、茂宜岛（Maui）和夏威夷（大岛）。每个岛屿，都有它鲜明的地标与地貌。最初住在这些岛屿上的波利尼西（Polynesian）探险者把它称为“烈火之地”。英国船长詹姆斯·库克（James Cook）于 1778 年发现这些岛屿。约在 1900 年，夏威夷成为美国的领土；1959 年，成为美国的第 50 个州。

❖ 夏威夷群岛地理位置简图

欧胡岛上的檀香山（Honolulu）是夏威夷最大的城市。檀香山距美国大陆西海岸约 3862 公里。

夏威夷群岛地处回归线以北，属热带气候，海拔较高。这里气候宜人，环境幽雅，适于休闲。旅游业是夏威夷经济支柱。

欧胡（Oahu）岛

欧胡岛，人口110万，面积1554平方公里，是夏威夷群岛中第三大岛屿。这里海风轻拂，气候宜人。柯劳山脉（Koolau Range）覆盖了该岛东半部的大部分，西部则由怀厄奈山脉（Waianae Range）所覆盖。其中部为宽阔的平原，主要

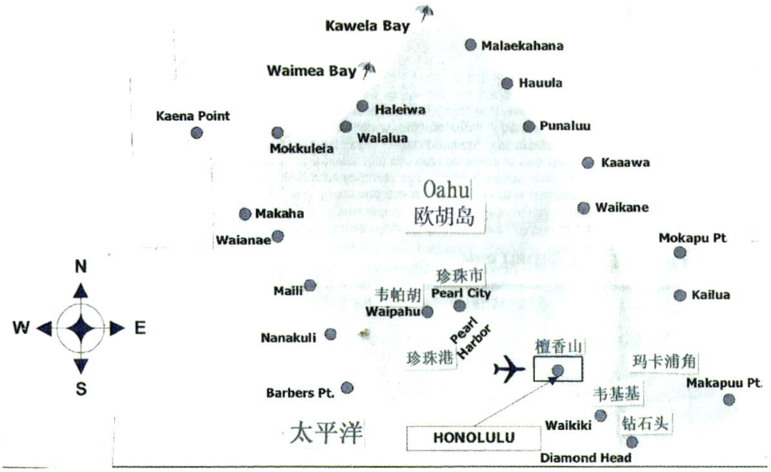

❖ 欧胡岛部分城镇及景点分布简图

用来生产菠萝和甘蔗。欧胡岛，有三个鲜明的地标：碗形（Punch Bowl）的死火山口、钻石头（Diamond Head）和骷髅头（Koko Head）。

檀香山（Honolulu）是夏威夷州府所在地，而欧胡岛是夏威夷的商业中心。

沿着欧胡岛南部海岸快速公路行驶，钻石头、恐龙湾（Hanauma Bay）和海泉喷口（Halona Blowhole）等处都可停车观赏。

各种风味的餐饮应有尽有：中国餐、日本餐、菲律宾餐、泰国餐和韩国餐等。欧胡岛有檀香山国际机场（Honolulu International Airport）连接世界各地。公共汽车（buses）和巴士（shuttles）穿梭于欧胡岛各个角落。

珍珠市（Pearl City）

珍珠市在欧胡岛中部，环视珍珠港（Pearl Harbor）。很多旅游观光者，常常直接去美国海军亚利桑那国家纪念馆（USS Arizona National Memorial）参观。珍珠港是美国主要的海军基地之一。

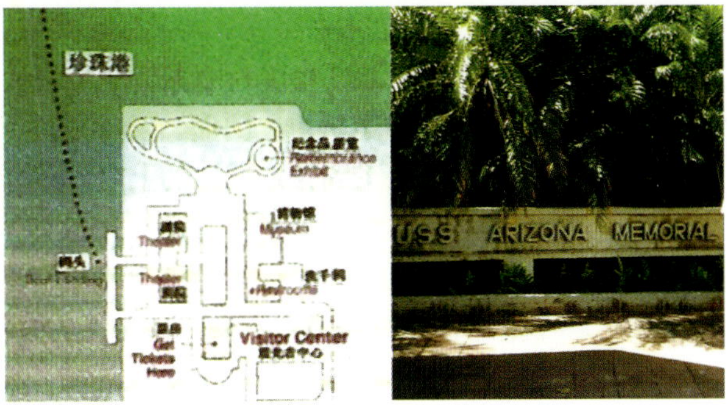

❖ 观光者中心平面简图及其标志牌

珍珠港河道深 11 米，港湾深达 18 米，可供各种大型军舰或船舶停泊。

美国海军亚利桑纪念馆，长 56 米，横跨在“珍珠港事件”中被日本炸沉的战舰两侧。纪念馆分为三部分：入口和集合处、供瞭望和典礼用的中央大厅和一座祠堂，大理石墙上刻满了珍珠港事件殉难者的姓名。

美国海军游船，提供从岸边观光者中心到纪念馆的交通。游船上向游客放映介绍博物馆 20 分钟录像和“珍珠港事件”历史纪录片。

檀香山（Honolulu）

檀香山在欧胡岛南面，面积 214 平方公里。这里别致的港口、威基基（Waikiki）洁白的沙滩、钻石头（Diamond Head）和碗状火山口以及温和的天气与人们舒缓友好的步伐，每年都吸引成千上万的游客来此旅游观光。

檀香山是美国第 11 大城市，人口 86 万，是夏威夷的经济中心。军事设施包括珍珠港海军基地、特列普尔（Tripler）军队医疗中心和希卡姆（Hickam）空军基地。制造业和旅游观光业是檀香山经济支柱。

檀香山最初是波列尼斯亚族人（Polynesians）的住地。1820 年后这里逐渐成为夏威夷皇室的主要住所。1959 年，当夏威夷加入美国后，它就成为夏威夷州府所在地。

❖ 檀香山风光

❖ 美丽的海滩

❖ 当地的波列尼斯亚族人（左右两人）

长长的威基基海滩（Waikiki Beach）非常漂亮，但很拥挤。洁白的细沙，清澈的海水，倾斜的棕榈林和大海的浪花与沙滩边上一排排宾馆，构成一幅绝妙景观。海滩西端有几处休闲度假村。每天下午，度假村有为鸡尾酒会提供的当地夏威夷的文娱表演。而度假村上的阳台是静坐和观赏日落的最佳位置。

威基基海滩西面，则是阿拉莫阿那海滩公园（Ala Moana Beach Park），附近还有阿拉莫阿那购物中心。从威基基海滩向东行走，可到达钻石头，即卡比奥兰尼公园（Kapiolani Park），公园里有檀香山动物园和威基基水族馆。

此外，这里还有无忧海滩（Sans Souci Beach）和著名的大力士海滩（Muscle Beach）。这两处海滩都有健身器械和当地的滋补品出售。

钻石头和碗状火山口是两座死火山。旅行观光者可以从卡比奥兰尼公园向东步行至钻石头，观赏钻石头古迹。古迹包括：皇帝卡米罕米哈四世（King Kamehameha IV）和皇后埃玛（Emma）的夏宫、皇帝戴维斯·卡拉卡瓦（David Kalakaua）简易行宫、艾奥拉尼宫（Iolani Palace）。博物馆有檀香山艺术学院博物馆、传教使团博物馆和伯尼斯·巴奥喜大主教博物馆（Bernice Pauahi Bishop Museum）。

夏威夷（Hawaii）岛

夏威夷岛面积10458平方公里，绰号叫火山岛（Volcano Isle）或兰花岛（Orchid Isle）。

该岛呈三角形，东西宽122公里，南北长150公里，优美的海岸线长达428公里。由火山活动而形成的地貌与景观令人神往。

在夏威夷岛上有三个火山：最高的是莫纳克亚（Mauna Kea）火山，高4208米，其余两个火山分别是冒纳罗亚（Mauna Loa）火山和基拉韦亚（Kilauea）火山，这两座火山相距不远。

旅游观光业，甘蔗、咖啡、菠萝等种植业，能源和渔业，都是夏威夷岛经济支柱产业。希洛（Hilo）是夏威夷行政管理中心。

夏威夷火山国家公园（Hawaii Volcanoes National Park）

夏威夷火山国家公园位于号称大岛的夏威夷岛上，面积84926公顷，于1916年建成。它由冒纳罗亚火山和基拉韦亚火山两座活火山组成。

❖ 夏威夷国家火山公园一角

从希洛（Hilo）出发，驱车沿快速通道 Hwy11 向南行驶约 47 公里，经过火山村（Volcano Village），就到达基拉韦亚观光者中心（Kilauea Visitor Center）。

冒纳罗亚火山海拔 4172 米。其火山口有一条高达 183 米的壁垒，蔚为壮观。国家公园的中心是在一个叫基拉韦亚·卡迪拉（Kilauea Caldera）的地方，它的面积约 10 平方公里，该处是世界最大的活火山口。沿着火山口边缘驱车，置身于茂盛的羊齿树（tree-fern）林之中。在沿途，有一座气象台和一座博物馆。博物馆主要陈列反映夏威夷火山历史的展品。在这条道路上，还有一条舍斯通·爱基隧道（Thurston Iki Tube），靠近基拉韦亚·爱基火山口（Kilauea Iki Crater）。约在 400 年前，当熔岩从地壳迸发出来时，在火山口处就形成了液态的岩心，遗留下 183 米长空洞的空间。沿着已铺设好的德瓦斯地臣小路（Devastation Trail），可以看到 1959 年火山喷发时散落的碎片。

为安全起见，游客不要接触从火山喷出的正在移动着的熔岩，甚至也不能触碰熔岩细片。还有，游客不要在火山烟灰和刺激性的蒸汽处停留太久。

火山屋（Volcano House）是一座眺望火山口的宾馆，游客可选择在此住宿。

该岛有两个国际机场，小汽车是火山国家公园中主要的交通工具。

❖ 卡梅哈梅哈皇帝塑像

希洛（Hilo）

希洛市在夏威夷大岛东岸，人口 38600。希洛是夏威夷县政府的所在地。尽管希洛城略显残旧，但它仍是夏威夷岛最重要的商业地区。希洛有一个主要港口，为周围的甘蔗园、

❖ 植物园内百花争艳

水果园和玛卡达米亚坚果园（macadamia nut fields）的产品提供加工和航运服务。

希洛是美国最潮湿城市，是著名的夏威夷火山国家公园的门户，这里有一个国际机场。

里流奥克兰尼花园（Liliuokalani Gardens）面积12.2公顷。南尼·茂花园（Nani Mau Garden）有2000多种花卉等植物，里面还建有日本花园、兰花走道、植物博物馆和蝴蝶房。希洛附近的自然景象非常诱人，这些景观包括彩虹瀑布（Rainbow Falls）和威陆库河州立公园（Wailuku River State Park）内的沸腾壶（Boiling Pots）。

人们穿过茂密的树林小道，步行40分钟就可到达希洛北面的阿卡卡瀑布（Akaka Falls）；希洛南面的巴拿尔瓦雨林动物园（Panaewa Rainforest Zoo）是一个露天动物园，有很多濒危动物。

在夏威夷东部文化中心（the East Hawaii Culture Center），全年有大量的演出在此上演和举办各种节日庆典活动。

椰子岛公园（Coconut Island Park）是一个游泳的好去处，游客由人行桥便可到达。

科纳（Kona）

科纳在夏威夷岛西面。科纳北区和卡鲁瓦（Kailua）海边村庄是夏威夷岛最繁忙、最值得一去的地方。这里有一些重要的历史和文化地标。除了1817年建

❖ 飘汗纽亚·奥·洪挠挠国家公园的沙滩、神庙和基尔 Ki ‘i’ 木像

成的名为“阿胡”安拿·海欧（“Ahu” ena Heiau）的卡鲁瓦防波堤之外，还有建造在岩石上的古代寺庙。卡梅哈梅哈皇帝也在这里建造了一所茅屋，由此可乘船进出海湾。

科纳南区不像该岛其他地方具有很久的历史，但这里是1779年著名英国探险家库克船长（Captain Cook）在这里遇难的地方。这些历史遗存都很值得观赏。

茂宜（Maui）岛

茂宜岛，又名“山谷岛”，是夏威夷群岛岛链中第二大岛，面积1883平方公里，东西宽77公里，南北长42公里。茂宜岛海岸线长193公里，有80多个海滩。茂宜岛西部普库库伊（Puu Kukui）海拔为1765米。茂宜岛东部有雷阿卡拉山脉（mountain Haleakala），其死火山高度为3057米、火山口深达703米、周长为34公里。

人们认为，波利尼斯亚人（Polynesians）于公元500–800年到达这些岛屿。英国船长詹姆斯·库克（James Cook）于1778年发现了这些岛屿。后来，卡梅哈梅哈皇帝统一了这些岛屿，随之传教士们和一些捕鲸者接踵而至。但是，从19世纪中叶开始，捕鲸业急剧衰落，并被制糖业所代替。1959年，茂宜县（Maui County）联合其他岛屿，使夏威夷变成了美国第50个州。

现今，菠萝和糖制品、牲口、建筑工程、旅游观光业是当地主要经济支柱。该岛人口约10万，都集中在威陆库（Wailuku）和卡哈廖尔（Kahalui）这两个社区之中。

茂宜岛是度假村集中地，其海滩边有很多宾馆、住所，这些宾馆都集中在从卡普鲁亚（Kapalua）至拉哈拿（Lahaina）的茂宜岛西部和茂宜岛南部基埃(Kihei)地区。游泳、冲浪、海洋木筏、去毛里基尼（Molikini）火山口探险是这里游客最钟情的活动。这里还有许多世界级的高尔夫球场。

哈雷阿卡拉国家公园（Haleakala National Park）是茂宜岛最令人向往之处。茂宜岛内各种景致很值得游客观赏。如果游客想得到“真实”的茂宜岛的游历，那么建议你驱车前往哈拿（Hana）盘旋弯曲之道吧，这里特有乐趣！如果是徒步旅行和露营，也别有一番乐趣。乘坐直升机观光旅游，则是一种更为令人激动的方式。

卡哈廖尔（Kahalui）

卡哈廖尔，位于茂宜岛北岸卡哈廖尔湾，居民 18100 人。这里有很多居民区和商业中心，还有港口和机场。卡哈廖尔是菠萝和甘蔗糖的集散地。亚历山大（Alexander）和贝德温糖厂博物馆（Alexander and Baldwin Sugar Mill Museum），有许多反映茂宜岛历史的陈列品和糖制品陈列其中。

❖ 拉哈拿火山口

❖ 卡哈廖尔一角

❖ 卡哈廖尔植物园

卡拿哈池塘州立禽鸟保护区（The kanaha Pond State Bird Sanctuary）一度是皇室钓鱼池，而现今，它是夏威夷长脚鹬（Hawaiian stilt）、夏威夷大鹬（coot）和夏威夷柯洛亚（Koloa）雌鸭等保护区。威陆库战争纪念公园和中心（The Wailuku War Memorial Park and Center）有足球场、棒球场、游泳池、网球场，附近的卡拿哈海滩居民公园（Kanaha Beach County Park）有烧烤坑、洗手间、大帐篷、舢板与独木舟向游客提供。

卡哈廖尔（Kahalui）机场有可往返美国大陆及各个岛屿的航班。小汽车是这里主要的交通工具。

可爱（Kauai）岛

可爱岛是夏威夷群岛岛链中第四大岛。像其他岛屿一样，它由火山活动形

❖ 威美亚峡谷断层剖面

❖ 威美亚瀑布

成。该岛有许多山峰、谷地、悬崖峭壁，各种景观绚丽多彩。岛上加外基尼山（Mount Kawaikini）海拔 1599 米。岛上威美亚峡谷（Waimea Canyon）长 16 公里，深 800 米。该岛北海岸边的土壤肥沃，盛产甘蔗糖、热带水果。甘蔗、热带水果和旅游观光业是该岛的经济支柱。

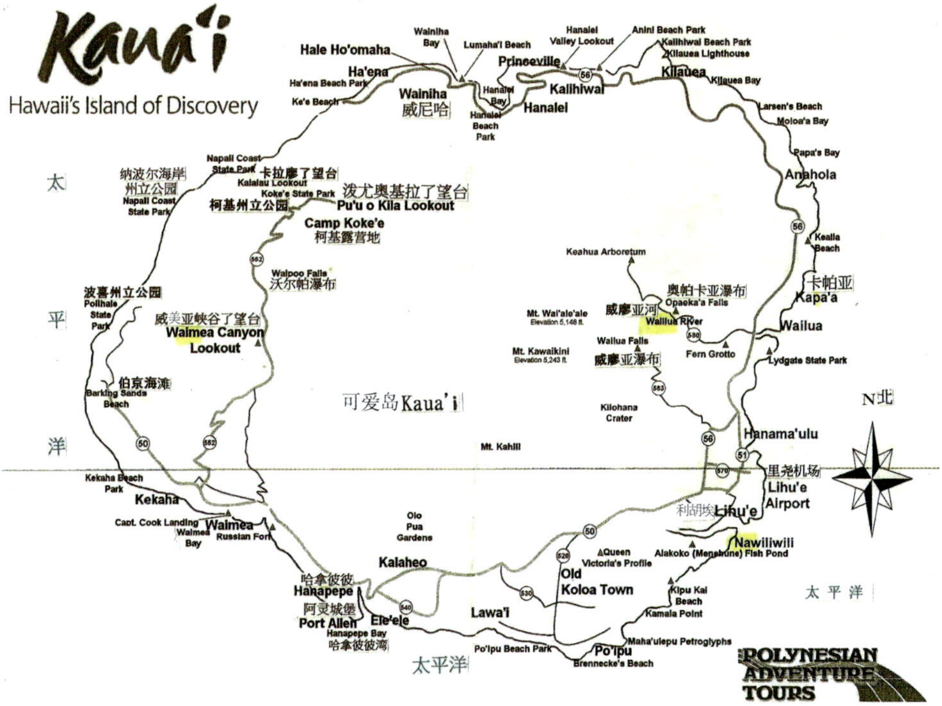

❖ 可爱岛各景点地理位置简图

❖ 威美亚峡谷

岛上居民约5.2万人，主要居住在利胡埃(Lihue)和卡帕(Kapaa)。可爱岛人仅仅支持旅游观光业，反对把可爱岛建设成为“花园岛”。有条法令限制建筑物高度不能高于棕榈树，理由是建筑物太高，会破坏自然景观，另一理由是建筑物太高易受飓风损毁。

可爱岛是一座天然乐园，有森林、野生动物保护区和州立公园。在泊飘(Poipu)，观光者能看到海泉喷洞(Spouting Horn)、熔岩流管道气孔。游客可乘坐游船游览，沿途观赏欧帕也阿卡阿瀑布(Opaekaa Falls)和披挂晨曦的威廖亚瀑布(Wailua Falls)。

喜欢探险的户外运动爱好者，在这里也会找到所爱。在可爱岛，有关旅游企业可向游客提供户外全方位的活动：淡水钓鱼和深海捕鱼、冲浪、滑水、航海、潜水、步行、骑马、露营、滑翔、乘坐直升机、观赏飞鸟、观看鲸鱼、打高尔夫球和网球等。

❖ 威廖亚河州立公园（上）
❖ 威美亚峡谷瞭望台（下）

基拉韦尼海湾海角（Kilauea Point）是飞鸟和红脚鲣鸟的天堂。冬天，回游的鲸鱼经常在这里出没。在纳帕尔海岸州立公园（NaPall Coast State Park），训练有素的游客喜欢在此进行跳崖训练——从悬崖直接跳入大海，在下落的过程中领略这里奇妙无比的山洞、瀑布、白沙、贝壳。

在可爱岛，有许多讨人喜爱的公共花园，如阿贝顿（Alberton）花园、拉威（Lawai）花园和利马荷里花园（Limahuli Gardens）。

对历史感兴趣的人，可去参观园林式农场住宅博物馆、传教士居住过的房屋，或者去参观可爱博物馆（Kauai Museum）、伊丽莎白州立历史公园（Elizabeth State Historical Park）。

Chapter 2

加拿大

加拿大，东濒大西洋和格陵兰，西接美国阿拉斯加和太平洋，南邻美国，北望（接）北极，面积约 1000 万平方公里，大约 1/4 国土面积在寒冷荒芜的北极圈内。加拿大人口主要分布在从火地岛（Tierra del Fuego）山脉到阿拉斯加，大约宽为 800 公里、长为 2000 公里的区域。加拿大内陆的 18%的国土为平原，森林覆盖面积几乎占全国的一半。加拿大矿产丰富、湖泊众多。哈得孙海湾低地（Hudson Bay Lowlands）是一个小平原，面积约 32 万平方公里。生活在圣劳伦斯低地（St. Lawrence Lowlands）的人口占加拿大总人口的 60%。加拿大阿帕拉契安地区（Appalachian Region）位于圣劳伦斯低地和大西洋之间。加拿大首都是渥太华（Ottawa）。全国有 10 个省和 3 个地区。

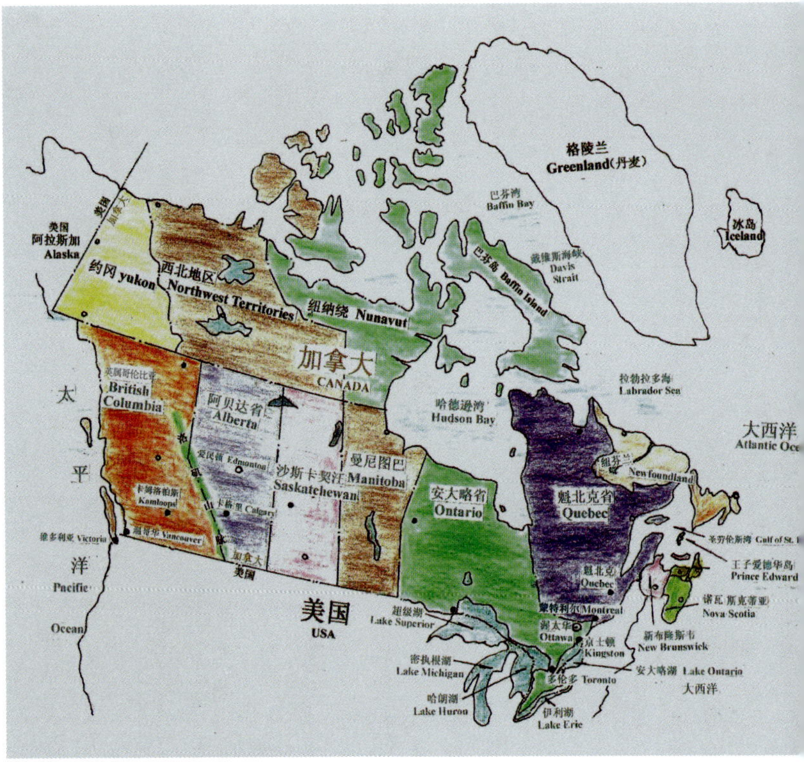

❖ 加拿大各省及地区简图

安大略省

(Ontario)

安大略省人口1000万人以上，居民主要说英语，是加拿大的政治与金融中心。安大略省东接魁北克（Quebec）省，西邻马尼托巴（Manitoba），南连大湖区（Great Lakes）及美国，北面毗邻北极圈。面积130万平方公里。

安大略省的北部覆盖着大片茂密的森林，南部则是连绵的农田和大草原。该省与五大湖中的四个大湖接壤。这里天气暖和，90%以上的人口住在安大略南部，是加拿大人口最稠密的地区。

安大略省省府多伦多（Toronto），是北美很重要的金融城市之一，也是购物、餐饮和多元文化的国际大都市。首都渥太华、宏伟壮丽的尼亚加拉大瀑布就位于该省。

渥太华（Ottawa）

渥太华是加拿大首都，为安大略省第二大城市，海拔87米，人口约84万，位于里多运河（Rideau Canal）沿岸上。

这里曾是毛皮贸易、探险者和伐木者的集散地。

位于渥太华市的国会大厦（Parliament Hall），是一座新哥特式中央大楼。大厦中的和平塔（Peace Tower）高度为92米，于1927年建成，是为纪念第一次世界大战中加拿大6万名死难者而建的。这座钟塔上有一个电子琴，由键盘控制发出一组53种钟声。每年7–8月份，在每个星期上班时间下午2时，发出1小时的电子琴音乐，而其余时间，则在每天中午，发出15分钟的电子琴音乐。当电梯升到和平塔的观赏台时，观光者可观赏国会大厦周围和渥太华河（Ottawa River）奇异的美景。观光者还可通过高耸的染色玻璃窗，参加众议院（House of Commons）的辩论，也可在装饰华丽的封闭大厅内，参加参议院（Senate Chamber）的辩论。

国会大厦（Parliament Hall）

❖ 国会大厦正面

位于中央大楼侧面最古老的建筑是国会大厦的东楼与西楼，采用维多利亚哥特式的建筑风格，于19世纪60年代建成。东楼是加拿大首相的办公地点。其中4个庄严华丽的办公厅在夏天对游客开放。西楼，有多个国会大厦办公室，但不对公众开放。

国会大厦是加拿大的政治中心。在这座雄伟的石头大厦前，有一大群红衣礼仪侍卫，他们伴随着鼓和风笛声，手持武器进行各种表演。

❖ 国会大厦左侧大楼（东楼）

现今，渥太华是一个有生命力的、迷人的城市，是一个非常壮观和漂亮的世界级的大都市。

里多运河（Rideau Canal）把渥太华市一分为二。运河1832年建成，整个冬季结冰。渥太华一年一度的冬季狂欢节（Winterlude Festival）就在运河举行。在夏天，运河又是市民的划船河道。

❖ 国会大厦右侧大楼（西楼）

在联盟广场（Confederation Square）旁边、靠近火花街购物中心（Sparks Street Mall），竖立着一座第一次世界大战中加拿大阵亡将士的纪念碑。附近，则是豪华的查特欧·劳里尔（Chateau Laurier）宾馆。该宾馆是加拿大太平洋铁路公司建造的。

渥太华博物馆和加拿大国家美术馆是世界艺术爱好者向往的地方。

加拿大文物博物馆（Canadian Museum of Civilization）

加拿大文物博物馆位于劳里尔街100号（100 Laurier St.），与国会大厦隔着渥太华河（Ottawa River）相望，陈列着加拿大众多历史文物：从史前大陆开始，历经迁居、开拓、探险、皮裘贸易、移民和现代新纪元等各个时期的文物，应有尽有。

❖ 博物馆外景

❖ 博物馆内展览大厅

❖ 博物馆展览大厅内雕像

多伦多（Toronto）

多伦多有超过80个民族和100种不同的语言，联合国把多伦多称为世界上最具多元化的城市。这种城市多元文化，在商店、餐馆及其社区中，都有所反映。各个市场都充满了来自世界各地的各种商品。各种少数民族的商店，在全市都可找到。各民族新移民，都带着他们自身的文化前来。这里是品尝世界各种文化的一种理想场所！

❖ 多伦多绮丽风光

❖ 多伦多大学

多伦多有多个意大利社区，有北美最大的葡萄牙社区，有加拿大最大的中国社区。由于多伦多有很多加勒比人（Caribbean），因而这里的每年8月份都举行加勒比节。在夏天，每年都有传统性的加拿大民族展览会（Canadian National Exhibition）在这里举行。在海湾西面是加拿大国家博物馆，每年8月至劳动节（Labour Day）期间对外开放，同时，这里又是世界上最大最古老的农业商品交易会举办地。

多伦多市约有400万人，是加拿大最大的城市，有加拿大金融和政治生活的“会议之地”（the meeting place）之称。

青年街（Younge Street）是该市主要干道，该街把多伦多分为东西两部分。青年街和布洛尔街（Bloor Street）的交会处，是该市购物中心。

登打士斯（Dundas）街和青年街的交会处则是伊顿中心（Eaton Centre），中心一座巨型购物中心，有300多间商店和餐馆。观光者还可步行到纳逊·菲利普斯广场（Nathan Phillips Square）。在广场后面就是该市市政厅，这是一座双钳形建筑，是该市的地标。

❖ 多伦多大学会议中心

❖ 多伦多大学教学楼

多伦多大学（University of Toronto）界于乔治街（George St.）、学院街（College St.）、布洛尔街之西（Bloor St.W.）和大学街（University Ave.）之间，是加拿大几个主要大学之一。该大学于1827年建成，有3个校区，共有7万多学生。多伦多大学艺术中心位于皇帝学院环形路15号（15 King’s College Circle），这里常定期或不定期举办加拿大古今艺术展览会。

❖ 多伦多中国城牌楼

中国城（Chinatown）紧靠京士顿市场（Kingston Market），位于学院街（College St.）和皇后街（Queen St.）之间的斯帕丁那大街（Spadina Ave.）的中心。这里不仅有中国内地来的移民，而且还有香港和台湾来的移民，还有少量越南（Vietnam）、巴基斯坦（Pakistan）和印度（India）来的移民。这里的商店，一般门面很小，门前都摆着衣服和礼品出售，价格便宜。这里的许多餐馆，以橱窗中迷人的香味和特制的标识吸引顾客。

❖ 中国城

市政厅南面是海湾街（Bay Street），素有加拿大的“华尔街”（Wall Street）之称。在海湾街的尽头，就是公共汽车、航空和地铁连成一体的

❖ 多伦多闹市区

联合车站（Union Station）。这里竖立着一座曾是世界最高的 CN 高塔，净高 553 米。

多伦多有加拿大最大的内陆港口。从码头乘船，可到达多伦多各个岛屿，并可在中心岛屿（Centre Island）停留。中心岛屿是一座娱乐休闲的著名公园。

❖ 从多伦多岛公园眺望多伦多市

❖ 多伦多岛公园

❖ 多伦多岛公园的海浪与防波堤

斯卡布罗（Scarborough）的多伦多动物园（Metro Toronto Zoo）和北约克（North York）安大略科学中心（Ontario Science Centre），则是孩子们向往的好去处。

多伦多，已经是一座艺术文化中心，据说它可与伦敦和纽约相媲美！

金斯顿（Kingston）

金斯顿位于安大略省东南角安大略湖畔上，人口约 11 万，海拔 78 米。这座城市有很多古代的防御工事和早期加拿大地标。金斯顿是去千岛湖旅游的出发地。

大学街（University Ave.）上的皇后大学（Queen’s University）于 1841 年建成，占地 65 公顷。公主街 218 号（218 Princess St.）的大剧院（Grand Theatre）有 820 个座位，常有音乐会和演戏演出。该剧院是金斯顿交响乐队总部。

从金斯顿驱车沿着快速公路 Hwy33 到特雷顿（Treton），沿途 100 公里长的公路两旁，风景异常优美。沿着安大略湖边驱车要经过 14 个市区，沿途随处可见骑自行车、游泳、钓鱼、划船和野餐等活动的人们。此外，邻近快速公路两旁有

40个考古遗迹和125座历史性建筑物，可供游人尽情观赏。

安大略湖公园（Lake Ontario Park）在皇帝街990号，专门辟有游泳区和野餐区可供游客选择。在这些岛屿上的短途旅行，游客可享受到钓鱼、打高尔夫球、自戴水肺（scuba diving）潜水等运动的乐趣。

❖ 京士顿市政厅

在金斯顿商业区，有几座古老的石灰石建筑，现在已改造成为专用仓库，如库克的旧世界商店（Cook’s Old World Shop）和角石精致手工艺品商店（Conerstone Fine Arts-Fine Crafts）。这些建筑值得游客一看。

千岛湖（Lake Thousand Islands）

千岛湖是闻名世界的旅游胜地，位于格纳诺奎（Gananoque）和金斯顿（Kingston）之间，风景如画，美不胜收。这里的水体，清澈透明。每天至少有500艘游轮在群岛之间畅游。法国探险家曾把这个地区称为“千岛”（Thousand Island），尽管这个地区的岛屿超过1800个。而在圣劳伦斯河上，这些岛屿分布在加美两国之间，许多岛屿由岩石组成，有的只有小村庄大小，但星罗棋布点缀在湖之上。许多岛屿上建有豪华别墅。

19世纪70年代，该地区变成了著名的度假胜地。这里有一座世界最短的国际桥，桥长14.6米。连接加拿大和美国

❖ 千岛湖上横跨加美两国的国际大桥

❖ 千岛湖上世界最短的国际桥

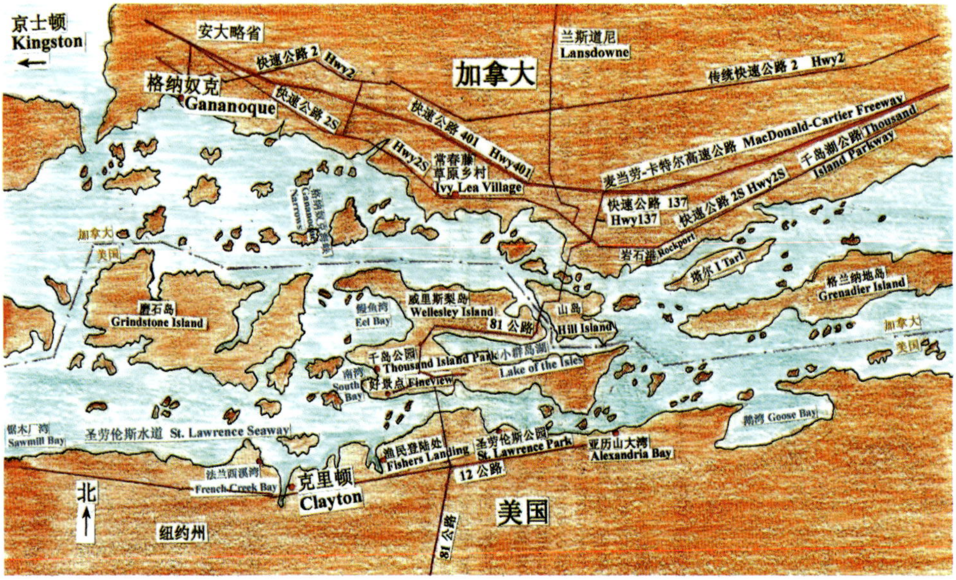

❖ 千岛湖简图

❖ 千岛湖畔豪华别墅

❖ 千岛湖著名的堡垒式建筑

❖ 千岛湖畔别具一格的石屋建筑

的就是这座国际桥，该桥把纽约州高速公路 I–81 和安大略省快速公路 Hwy401 连接起来。这座桥梁，由加拿大前首相麦肯齐·金和美国前总统罗斯福共同倡导所建，于 1938 年建成。

从美加两国边境去千岛湖的观光者，可尽情享受航海、划船、独木舟、钓鱼、潜水等水上运动带来的乐趣。

观赏这些岛屿最好的途径，就是乘坐由格纳诺奎、金斯顿、兰斯道尼（Lansdowne）或岩石港（Rockport）的航运公司提供的旅游船只。这些岛屿同时也环绕着加拿大圣劳伦斯岛国家公园（St. Lawrence Islands National Park of Canada）。

尼亚加拉大瀑布（Niagara Falls）

尼亚加拉大瀑布，横跨美国–加拿大的边界，是北美最大的瀑布，水流来自北美五大湖中四个大湖，流量为每分钟15.9万吨，瀑布宽度为1.6公里。尼亚加拉大瀑布被岛屿分成几个部分：323米宽的美国瀑布、婚纱瀑布，以及比较宽的在加拿大一边的宽为792米的马蹄形瀑布。

在加拿大这一侧观赏大瀑布后，还可乘坐电梯下降到46米的岩石处，通过人工隧道，观赏众多小瀑布。在大瀑布的加拿大一侧，有许多夜总会、餐馆、高级宾馆和IMAX剧院，其中最引人注目的是面积达23万平方米的尼亚加拉大瀑布赌场度假村（Niagara Fallsview Casino Resort）。度假村除了游戏机外，还向游客提供丰盛的餐饮，以及最佳位置观赏大瀑布美景的房间。

❖ 加拿大马蹄形大瀑布（上）
❖ 观光者观赏加拿大马蹄形大瀑布（中）
❖ 从加拿大一侧看美国大瀑布（下）

魁北克省

(Quebec)

魁北克省是加拿大最大的省，面积1667926平方公里，面积是英国的7倍，美国得克萨斯州（Texas）的2倍。圣劳伦斯河流经该省南部。

魁北克省留伦田斯（Laurentians）以北是肥沃的平原，阿帕拉契（Appalachian）山脉以南，地势逐渐升高，这里有茫茫的冻土带，广阔的森林；还有成千上万的湖泊、河流，栖息着大量的动物。

在欧洲人来到这里之前，印第安人生活在这里已有几百年之久。1534年，法国人在格斯帕（Gaspe）登陆，开始了所谓“新法国”（New France）的历史。直到巴黎和约签订之前，法国政府一直统治着这一地区。之后，“新法国”被割让给英国。

魁北克省人大都居住在圣劳伦斯河流域。该流域有魁北克省最大的港口和金融中心。而印第安人则分布在10个不同的地区。

魁北克省的经济主要依靠水力发电、手工艺品和通信工业。魁北克省的主要城市是蒙特利尔（Montreal，又译“满地河”）和省府魁北克市（Quebec City），他们是北美现代化和欧洲文明的最完美的结合。

魁北克省有大量的湖泊、森林。迷人的小村庄星罗棋布，点缀其间。沙冈纳–拉克·圣–吉安（Saquenay-Lac St.-Jean）地区，独特的地容地貌由冰川侵蚀而成，壮观的沙冈纳狭湾（Fjord du Saguenay），风景特美。

蒙特利尔（Montreal）

蒙特利尔古老的阶梯形房屋和忙碌优雅的街道，是这个世界级城市最引人注目的地方。该市凯瑟琳街（Catherine Street）上，布满着服装店和各种风味的餐馆。众多建于19世纪的大厦，已被改造为优雅的欧洲风格的宾馆、艺术画廊、餐馆和古玩店。主大街（Main Street）把该市分为东西两部分。主大街一度是犹太人社区，如今，这里住着希腊人、德国人、葡萄牙人和其他国籍的人。圣路易斯广场（St. Louis Square）周围聚集着葡萄牙人的住宅。亚瑟王子街（Prince Arthur Street）的人行道上，许多音乐演奏家喜欢在此表演，招揽生意。

圣约瑟大教堂（St. Joseph Oratory）

❖ 圣约瑟大教堂内部装饰（左、右）

圣约瑟大教堂坐落在玛丽皇后街（Queen Mary），是世界上著名的大教堂之一，也是该市宗教圣地之一。教堂始建于1904年，于1967年竣工。

❖ 邻近小教堂的内部圣像（上）
❖ 圣约瑟大教堂（下）

蒙特利尔斜塔（Montreal Tower）

❖ 蒙特利尔斜塔

1976年夏，加拿大为了在蒙特利尔奥林匹克公园举办夏季奥运会，建造了一座用于多项体育运动项目的高塔——蒙特利尔斜塔（Montreal Tower），塔的高度为175米。奥林匹克公园位于该市东部，占地46公顷。观光者在斜塔顶部，可观赏到蒙特利尔远处80公里的风光。

动植物生态保护馆

❖ 鸳鸯在栖息

❖ 鸳鸯在对话

❖ 馆内企鹅

❖ 水族馆内游鱼

❖ 蒙特利尔奥林匹克场馆室内游泳池

❖ 蒙特利尔奥林匹克场馆

魁北克市（Quebec City）

与蒙特利尔不同，魁北克市仍然保留着早先建造的防御工事。现今，4.6 公里长的防卫工事，吸引着众多的外国游客。

在亚伯拉罕大平原（Plains of Abraham）内，有一座城堡（La Citadelle），占地 15 公顷，经历 30 年之久才建造竣工。每当夏天早上，可见到两名侍卫在举行换岗仪式，仪式时有一群乐队陪伴和伴奏。参加仪式的士兵，身穿鲜红色的礼服和头戴熊皮帽。这常引来不少人驻足观看。

在亚伯拉罕大平原内有一座国家战场公园（National Battlefields Park）。现今，公园里野餐者、徒步旅行者和溜冰者经常出入其中。有一座漆黑的雕塑像竖立在国会大厦外。在第二个帝国大厦正前面，有一个价值几百万加元的喷泉。

旧魁北克市建筑在戴蒙岬角（Cap Diamant）的悬崖峭壁中，周围有围墙，市内有一些建筑不规则的商店和面包店。美味的蛋白杏仁甜饼干在派拉德

(Paillard)、圣吉恩(St-Jean)附近的商店中都有出售。

❖ 市政厅及雕像

魁北克人对旧式石头建筑物和狭窄的走道至今钟情有加。防御工事区西面是上城区(Haute-Ville),该区主要的散步场所——格兰德·阿里(Grande Allee)大街,有阔叶冠状防护林和优雅的维多利亚式房屋。

在东面城墙外的下城区(Basse-Ville),有许多手工艺品商店、礼品店,壁画、倾斜的鹅卵石街道和舒适的咖啡店分布其间。在戴蒙岬角和圣劳伦斯河之间有一个皇家广场(Place Royale),这里是当年新法国人成功登陆之地。上城区和下城区用索道连接。

❖ 古城街道

魁北克市有各种不同风格的建筑。如果游客旅程短,至少也应观赏该市的地标建筑——芳堤娜城堡酒店(Chateau Frontenac Hotel)。宾馆位于戴蒙岬角山峰上,1893年建成。

魁北克市还有蒙特伦西大瀑布(Montmorency Falls),高30米,非常壮观。该市围栏环绕的乡间别墅、清洁无瑕的草莓田野、果园等的美丽景色美不胜收,常使游客流连忘返!

❖ 古城新貌

❖ 古城马车

❖ 魁北克古城城墙

❖ 古代火炮群

英属哥伦比亚省(卑诗省)

(British Columbia)

英属哥伦比亚省（B.C 省，也译卑诗省）在加拿大最西部，面积 104 万平方公里，拥有茂密的森林、众多的山脉、无数的湖泊与河流，其海岸线超过 8000 公里。人口 320 多万。温哥华岛上的维多利亚（Victoria）是该省的省府。维多利亚具有 19 世纪典型的英国城市的建筑风格。

英属哥伦比亚省西南地区（Southwestern B.C.）包括温哥华（Vancouver）、“低陆平原”（Lower Mainland）周边地区、费雷泽谷地（Fraser Valley）和费雷泽峡谷（Fraser Canyon）。这里，终年温度适中，为花草树木提供了优良的生长环境。这个地区，既有白雪皑皑的雪山，又有漫长海滩和无尽翠绿的森林。

温哥华（Vancouver）

温哥华，是英属哥伦比亚省最大城市，是加拿大第三大城市，人口 160 万。初期，温哥华以格兰维尔（Granville）而闻名，1867 年才在这里建造住宅小区。

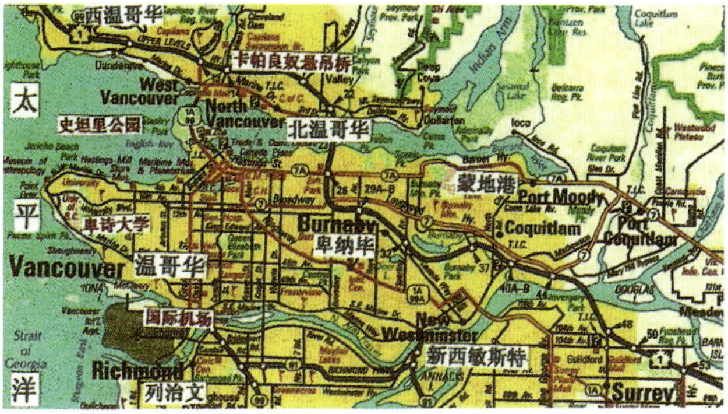

❖ 温哥华地区简图

❖ 印第安人的图腾柱

1886 年，大火几乎把温哥华全部烧毁。今天，观光者可沿着用鹅卵石铺成的街道，观赏两旁 19 世纪建筑风格的房屋，领略当年的风情。

温哥华市的中国城是北美亚洲人最多的社区之一。格兰维尔岛（Granville Island）横跨市中心，岛上公共市场有许多新鲜农产品和鲜鱼出售。在半岛后面则是史坦利公园（Stanley Park），公园占地 450 公顷。

范度森（VanDusen）植物园和皇后伊丽莎白公园的布勒德尔温室（Bloedel Floral Conservatory），有一座特色鲜明的白色扬帆形的船屋，屋里有世界贸易中心、温哥华贸易和会议中心以及宾馆，很值得观赏。温哥华市的外围，则是格劳斯山脉（Grouse Mountain）、柏树盆地（Cypress Bowl）、史茂尔山丘（Mount Seymour），其中史茂尔山丘斜坡是著名的滑雪圣地。

温哥华的狮门桥（Lion’s Gate Bridge）是英联邦（British Commonwealth）最长的悬吊桥，全长 1508 米。该桥横跨繁忙的温哥华海港（Port of Vancouver），是公众休憩的好去处。

在温哥华西北方的卡比兰诺（Capilano）河上，有一座卡比兰诺悬吊桥（Capilano Suspension Bridge），长 136 米、高 70 米，横跨优美的卡皮拉诺大峡谷（Capilano Canyon）。

和北美其他地方一样，在英属哥伦比亚省境内，有许多印第安人的图腾柱（Totems），这是印第安人传统文化的组成部分，颇具特色。

❖ 卡皮拉诺悬吊桥

维多利亚（Victoria）

❖ 博查特花园（左、右）

英属哥伦比亚省首府维多利亚位于温哥华岛的南端，是一座图画般的城市。这里有多姿多彩的花卉，到处散发着浓郁的香味。难怪每年前来维多利亚观光的游客络绎不绝。

1843年，詹姆斯·道格拉斯（James Douglas）创建了著名的维多利亚要塞（Fort Victoria）。1848年，温哥华岛（Vancouver Island）成为英国殖民地。1868年，温哥华岛与英属哥伦比亚（British Columbia）大陆合并，维多利亚成为英属哥伦比亚省的首府。

维多利亚是一座海港城市，在港湾特别是内港湾（Inner Harbour）码头上，到处都是游船和水上飞机。

坐落在内海湾海一角的省议会大厦，1898年2月建成。晚上，这里灯火通明，在成千上万只灯光的照射下，清晰地显示出大厦的轮廓。

维多利亚北面的博查特花园（The Butchart Gardens）占地14公顷。花园里有假山园林、玫瑰花园、日本花园和意大利花园。

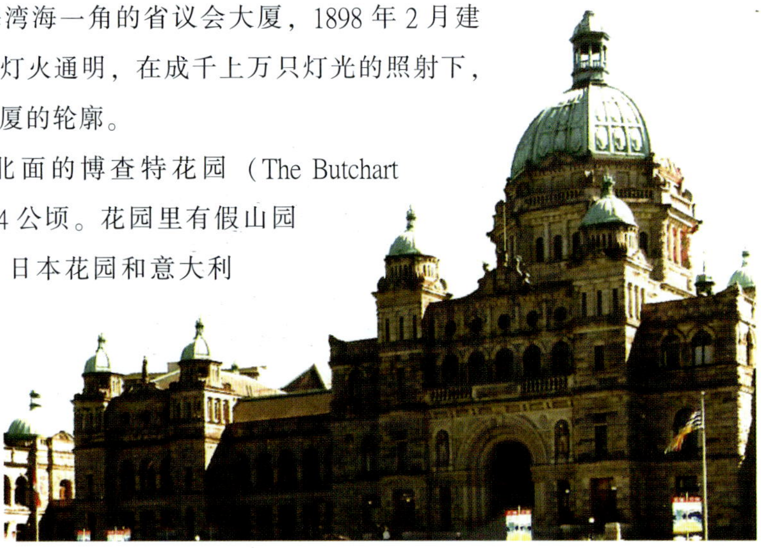

❖ 英属哥伦比亚省议会大厦

❖ 皇后宾馆

艾伯塔省

(Alberta Province)

艾伯塔省，面积65万平方公里，有5个国家公园和多个省级公园。首府在埃德蒙顿。

艾伯塔省有1100万公顷的土地，适宜农业耕种。广阔的田野，每年生产大量的谷物，向世界供应。另外，燕麦、黑麦和亚麻等遍布全省。猪、牛奶场的牲口、绵羊和菜牛，全省都有饲养。每年7月第二个星期，占地52公顷的史担帕公园变成了世界上最大的露天展览会。从加拿大和世界各地来的观光者超过100万。

由于艾伯塔省具有丰富的石油资源，巨型炼油厂和石油化工厂，在埃德蒙顿和卡尔加里广大地区都有建设。巨型的国家公园星罗棋布于乡间。占地2475平方公里的班夫国家公园(Banff National Park) 山峦起伏，冰川繁多，是野生动物的乐园。观光者可从公园博物馆详尽了解各种鸟类和陆地动物的情况，这些陆地动物包括麝、麋、骡、大角羊和驼鹿等。

埃德蒙顿 (Edmonton)

埃德蒙顿（Edmonton）是艾伯塔省省府，最初是哈德孙海湾公司（Hudson

Bay Company）的商埠和城堡。每年 7 月，该市用 10 天时间，庆祝卡朗迪克节（Klondike Days）。

艾伯塔大平原曾是海洋的一部分，海水里充满着浮游生物和其他动植物。当海洋退缩并变为陆地时，这些残留物就变成了石油和天然气。艾伯塔省拥有巨大的油气田，而卡尔加里是该省石油“首府”，一些大型石油公司的总部设在该市。

1912 年，在特纳谷地（Turner Valley）首先发现石油。1947 年，又在埃德蒙顿南部发现了大型的里调克油田（Leduc Oil）。这样，该省真正变成了产油大省，石油已经是该省的经济支柱。艾伯塔的很多石油都是由美国人开发的。

埃德蒙顿是座令人喜爱的城市。现今，在埃德蒙顿早期建造的城堡处，有 1912 年建造的立法大楼。一些别具特色的建筑都建在西埃德蒙顿的林荫路上。同时，世界上最大的室内购物商场和水上公园的休闲综合处都建在埃德蒙顿。

卡尔加里（Calgary）

❖ 1988 年冬季奥林匹克运动会滑雪台

卡尔加里有着辉煌的历史。卡尔加里城堡历史公园（Fort Calgary Historic Park）记载着拓荒者的探险活动、印第安人各种各样的生活。传统公园（Heritage Park）在该市西南部，实景展示 1915 年之前在这片大平原上曾经生活过的居民生活情景。从卡尔加里往东北方向驱车约 1.5 小时，到达德拉姆海勒（Drumheller）。这里曾发现恐龙化石。皇家古生物博物馆（Tyrrell Museum of Paleontology）陈列着许多恐龙化石，这是个省级恐龙公园（Dinosaur Provincial Park），面积达 6075 公顷，这里已发现了 30 种不同种类的恐龙化石。

在市中心有一个卡尔加里塔（Calgary Tower），塔高 191 米，塔上有旋转餐厅和观赏台。此处还建有奥林匹克运动会滑雪台，呈马鞍形，于 1988 年冬季奥林匹克运动会时建成。

落基山脉（The Rockies）

落基山脉从加拿大的英属哥伦比亚（B．C省）省和艾伯塔（Alberta）省向南一直延伸到美国境内的蒙大拿（Montana）州、爱达荷（Idaho）州、怀俄明（Wyoming）州、犹他（Utah）州、科罗拉多（Colorado）州和新墨西哥（New Mexico）州。

艾伯塔境内落基山脉分成几个地区。中部有班夫国家公园（Banff National Parks）、伏鹤国家公园（Yoho National Park）、库特尼国家公园（Kootenay National Park）和贾斯帕国家公园（Jasper National Parks），总面

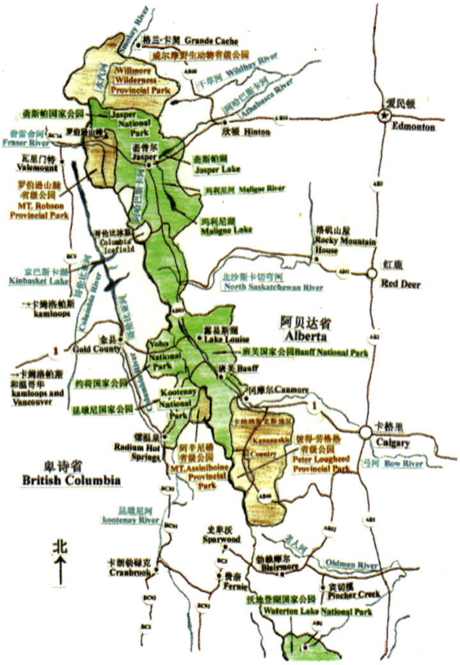

❖ 落基山脉分布简图

❖ 城堡山

❖ 美丽的露易丝湖

❖ 从山顶公园眺望班夫市区

积约 2 万平方公里。1984 年，联合国教科文组织把这四个相邻的国家公园列为世界遗产。南部有瓦特顿湖国家公园（Waterton Lakes National Parks）。此外，还有四个省级公园：北部有威尔摩野生动物公园（Willmore Wilderness Provincial Park）和罗伯逊山脉公园（MT. Robson Provincial Park），中部有阿西尼博公园（MT.Assiniboine Provincial Park）和彼得·劳格热公园（Peter Lougheed Provincial Park）。

❖ 哥伦比亚冰原

班夫国家公园是落基山脉最受欢迎的观光目的地，离卡尔加里市西约 1.5 小时的车程。壮丽的露易丝湖（Lake Louise）就在公园内。1888 年，加拿大太平洋铁路公司（Canadian Pacific Railway）在湖边建了班夫青春宾馆（Banff Springs Hotel）。

❖ 哥伦比亚冰原及旅游大巴士

贾斯帕国家公园于 1907 年创建，面积约 1.1 万平方公里。

班夫与贾斯帕国家公园由 AB93 高速公路连接，相距 230 公里。素有“冰川之路”（route of glaciers）之称的冰原沿途（Ice-field Parkway）风光引人入胜。哥伦比亚冰原（Columbia Ice-field）在露易丝湖（Lake Louise）以北 145 公里处，是

❖ 露易丝湖畔上的班夫青春宾馆

落基山脉最辽阔的冰川。据说，哥伦比亚冰原的厚度达 30 米，完全能承受巨型观光游览车的载荷！

伏鹤国家公园，建于 1886 年，景色优美，被列入世界文化遗产。

库特尼国家公园 1920 年建成，位于落基山脉西面山坡上，与伏鹤国家公园相邻。公园里花草遍地，野生动物众多。该公园有镭温泉（Radium Hot Springs）。

瓦特顿湖国家公园（Waterton Lake National Park），有国际和平公园（International Peace Park）之称，曾于 1932 年加入美国-蒙大拿冰川国家公园（Montana’s Glacier National Park）。卡纳纳斯克斯（Kananaskis）是 1988 年卡尔加里冬季奥林匹克运动会的场地，现今该处可进行各种休闲活动。

Chapter 3

墨西哥

墨西哥，东临墨西哥湾（Gulf of Mexico），西濒太平洋，南接危地马拉（Guatemala）和伯利兹（Belize），北邻美国。墨西哥与美国的边界，从西面太平洋到东面墨西哥湾，全长3140公里。

❖ 墨西哥地理位置简图

墨西哥北部干旱地带与美国相邻。墨西哥南部与危地马拉（Guatemala）交界的乌苏马辛塔河（Usumacinta river）的两岸布满了热带雨林。墨西哥的南部与北部差别甚大。北部各州比较富裕，城市化和工业化程度比较高。

墨西哥面积约190万平方公里。人口1亿，是一个人口稠密的国家，其中1/5人口居住在墨西哥谷地。按人口算，墨西哥城（Mexico City）是世界上最大的城市。

墨西哥是一个充满情调的国家，拥有多姿多彩、令人眼花缭乱的风俗习惯。世界上没有哪个国家比得上它有如此的浪漫、诱人和令人喜爱的热带风貌。

在墨西哥，过去与现在的生活都是十分协调一致的。在这里，几个世纪以来的古老音乐和手工艺品，都可在鲜明的夜生活中寻找到。

墨西哥城

(Mexico City)

墨西哥城是一座世界人口最多的大都市，整个城市车水马龙，熙熙攘攘。

墨西哥城是这个国家的商业中心和政府机关所在地。墨西哥城的历史中心（Historic Center）曾是阿兹塔斯首都所在地。这里的建筑物堪称建筑艺术博物馆，旅游观光者至少要花费2-3天时间，才能浏览一遍。

❖ 墨西哥城主要景点分布简图

历史中心的许多建筑物，记载着从殖民地时期到国家独立以来的历史。在这里，各种风格建筑物比比皆是，其范围涵盖了从殖民地式教堂，到新艺术（Art Nouveau）/装饰艺术（Art Deco）的美术馆直到上世纪50年代的摩天大楼。

国家宫（Palacio Nacional）

国家宫在蒙特苏马皇宫（Moctezuma’s palace）里。这里，曾是凯尔南·柯特斯人在侵占墨西哥后的住所。现在，该宫是总统办公室。在国家宫西面则是宪法广场（Plaza de la Constitucion）。宪法广场周围，有大教堂及其他公共建筑和餐馆、宾馆、商店等。国家宫是座具有文艺复兴时期风格的建筑物，其主楼梯间上

❖ 国家宫主庭院

❖ 国家宫内壁画

❖ 巨幅壁画《墨西哥历史》

的巨幅壁画，是迭戈·里维拉（Diego Rivera）在 1929–1935 年间绘制的。在国家宫庭院一楼墙上，有许多里维拉画的油画。

国家考古和历史博物馆 (The National Museum of Archaeology and History)

众所周知，墨西哥的古迹和历史文物众多，非常丰富。现择其一，简述如下：

1760 年 12 月 17 日，在宪法（Zocalo）主广场附近发掘出一块玄武岩巨石(basaltic monolith)，这块圆盘形巨石直径 3.6 米，重量 25 吨。这块巨石被称为太阳石（The Sun Stone）。后来，新西班牙总督把太阳石放置在大主教教区的大教堂钟塔的西墙上。这块巨石在这里一直保留到1885年。后来，波费里奥·奈兹（Porfirio Diaz）总统下令把太阳石转移到国家考古和历史博物馆中。

❖ 国家考古博物馆

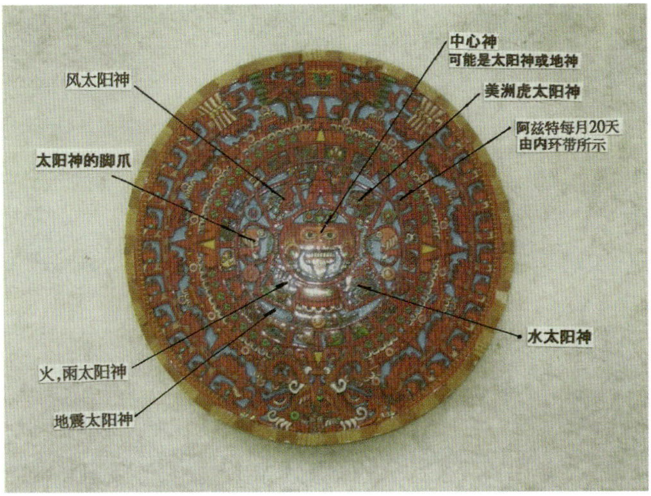

❖ 太阳石

❖ 国家考古博物馆出土文物（上、下）

贝拉斯艺术宫（Palacio de Bellas Artes）

1905年建成的墨西哥城历史中心最壮观的建筑——贝拉斯艺术宫（西班牙语Palacio de Bellas Artes），从这里可俯瞰阿拉米达中心（Alameda Central）。意大利设计师阿达姆·宝里（Adamo Boari），采用钢结构，把非古典式和新艺术与原有的哥伦比亚人的装饰细节结合在一起，进行革新设计。艺术宫内部，由墨西哥最著名的画家的作品来装饰。

艺术宫外墙，用意大利大理石装饰。其穹顶都被贴上瓷砖；最大的中央圆拱顶，则用鲜明的花纹图案所环绕的墨西哥雄鹰的雕刻所覆盖。

这座大剧院由纽约蒂芙尼电影制片厂（Tiffany Studio）所提供的镶嵌玻璃来

❖ 新国家大剧院

替代窗帘，这百万片镶嵌玻璃，由格拉多·缪里罗（Gerardo Murillo）设计成墨西哥谷地及其背景图案。在大剧院二楼，有两幅鲁菲诺·塔马约（Rufino Tamayo）于1952–1953年画的油画：《我们祖国的诞生》（Birth of our Nationality）和《今日墨西哥》（Mexico Today）。在三楼，有同时期画家戴维·阿法罗·施奎罗（David Alfaro Siqueiro）的杰作：《新民主》（New Democracy）。

❖ 新国家大剧院内圆拱顶之一，之二

革命纪念碑（Momumento a la Revolucion）

革命纪念碑用石块覆盖，圆拱顶，附加一些雕像，在柱基上雕刻了一些革命英雄塑像等。纪念碑建筑风格简朴，用青铜的零件衬托。纪念碑上雕像有表现国家独立、19世纪开明的改革、土地革命和劳动法等主题。在纪念碑的底层，是一座博物馆，博物馆里的陈列品包括照片、文件、报纸的复制品，还有四轮马车、小车、客车、衣服和手工艺品。

墨西哥城大教堂（Mexico City’s Cathedral）

墨西哥城大教堂是拉丁美洲最大的教堂。这座大教堂，耸立在卡地德劳中心区（Catedral Metropolitana）主广场上。大教堂巴洛克（Baroque）式祭坛和侧面的小教堂，装饰非常华丽。宪法广场（Zocalo）上的两座钟塔，高67米，历经3个世纪才竣工。这种特长的施工周期，在它的建筑艺术和内部装饰上，从古典

❖ 墨西哥城大教堂

❖ 大教堂内祭坛之一，之二

式（Classical）、巴洛克式、西班牙巴洛克式（Churrigueresque），到非古典式（Neo-Classical）等多种风格都有所反映。大教堂有 5 个主祭坛和 16 个小教堂，教堂里有价值连城的油画、雕塑和教堂的家具。

大神庙（Templo Mayor）遗址

14–15 世纪，大神庙由阿兹特族人在坦奴契特兰（Tenochtitlan）中心建成。在阿兹特人竖起他们最重要的宗教建筑物上都可看到：站在仙人掌上的雄鹰正在吞食一条蛇！

1325年，开始建设梅杰神庙，历经两个多世纪才竣工。在神庙的顶部有两座神庙：一是骄兹洛普契里神庙（Temple of Huitzilopochtli），另一是特拉洛神庙（Temple of Tlaloc）。

很遗憾，这座复杂的神庙，在西班牙人入侵阿兹特首都之后，差不多完全被毁，现今只有一些残垣旧迹！1978年，人们在挖掘中意外发现许多重叠在神庙上的没被覆盖的文物。

❖ 雄鹰吞蛇雕塑像

墨西哥城周边地区（Around Mexico City）

离墨西哥城东北方不远处的第奥梯浩冈（Teotihuacan），是座令人印象深刻的古城。该城海拔2300米，被人们称为“人变为神的地方”。这是一座据说在耶稣诞生之前就建立的庞大的城市，一度曾拥有12.5万人，面积超过20平方公里。这座城市繁荣长达500年之久，但约在公元650年却被人们遗弃了。现在，在遗址中心发现很多神庙、宫殿和若干座金字塔的遗迹，给该城当年的壮丽景象提供了有力的证据。

❖ 太阳金字塔

❖ 月亮金字塔

这里曾有两座著名的金字塔：太阳金字塔（Pyramid of the Sun）和月亮金字塔（Pyramid of the Moon）。太阳金字塔排列在诸多金字塔之中，很可能是在公元二世纪建成。太阳金字塔用黏土砖和泥土构筑，用沙砾和石头覆盖而成，再用明亮的灰泥来粉饰，房间和地道都建造在它的下方。

太阳金字塔与埃及大金字塔（Great Pyramid of Egypt）相比，它们的底座大小非常接近，都为 225 米。但是，太阳金字塔高度为 65 米，埃及大金字塔高度为 144 米。太阳金字塔大约由 250 万吨石头与泥土筑成，而埃及大金字塔大约由 650 万吨石头与泥土筑成。

月亮金字塔比太阳金字塔小一些，采用四层结构，每层都有最好的景观。

奇琴伊察

(Chichen Itza)

公元 11 世纪，尤卡登半岛（Yucatan Peninsula）玛雅（Maya）南部首批移民建立了奇琴伊察（Chichen Itza）。

在奇琴伊察，最雄伟的建筑物就是闻名于世的库库尔坎金字塔（El Castillo pyramid）。该金字塔建于公元 800 年，有尽善尽美的天文学上的设计：四列阶梯，面向各主要点；各种各样的特征，符合玛雅日历的各个平面形状；每年两次在太阳升起时，在北面阶梯上出现迷人的光学假象。攀登到顶部可看到惊险、奇异的景观。

❖库库尔坎金字塔

坎 昆

(Cancun)

1970 年，坎昆还是一个沙滩小岛和 100 个居民的小渔村。20 世纪 60 年代末，当地政府决定把它建设成为一个度假村。从此，这里居民数量猛增，每年来这里欣赏白色沙滩和享受完美无缺的气候的观光旅游者（主要是非墨西哥人）超过 200 万人次。

在坎昆，著名的坎昆·艾斯拉（Isla Cancun）和宾馆区（zona hotelera）都位于狭长的 23 公里的 L 形地带，它们之间由两座桥梁与大陆相接。

坎昆的很多宾馆都面对沙滩。其中坎昆喜悦（Hyatt Cancun）宾馆和希尔顿宾馆（Sheraton hotels）前面的沙滩特别漂亮。

在半岛北面的帕拉牙·林达（Playa Linda）、帕拉牙·良格斯塔（Playa Langosta）、帕拉牙·托跳格斯（Playa Tortugas）和拜海 缪遮利斯（Bahia Mujeres）

❖ 坎昆海港码头游艇

❖ 坎昆白沙海滩风光(上、下)

❖ 坎昆白沙海滩风光（左、右）

等处，可向游客提供休闲式的游泳项目；在半岛东面的帕拉牙·契克–摩尔（Playa Chac-Mool）、帕拉牙·玛连（Playa Marlin）和帕拉牙·波里纳斯（Playa Ballenas）等处，海浪较大，海景优美。在半岛南端，有一座金字塔和两处广场，幽雅安静。

艾斯拉·缪遮利斯岛

(Isla Mujeres Island)

艾斯拉·缪遮利斯小岛长 8 公里，宽仅 1 公里，它的名字意即："女人岛"(The Island of Women)。自从 1969 年小岛作为旅游景点开发以来，现在已经成为人们喜爱的景点之一。这里高楼很少，仍然比较安静，尤其是在晚上。

游览这个岛屿的最好方式，是骑自行车或踏板车（scooter）。游客可在该岛中部游览环礁湖。在岛中心，游客可去门达卡·黑星达（Mundaca Hacienda）古迹参观，据说，这些古迹是由海盗费尔明·门达卡（Fermin Mundaca）建造的。

帕拉牙·洛斯·柯柯斯（Playa Los Cocos）位于岛屿小镇北面，这里有清洁的白沙海滩和温暖的浅水。在艾斯拉·缪遮利斯小岛的南端，有格拉风国家公园(Garrafon National Park)，公园离海岸不远，有各种潜水活动可供游客选择。另外，用通气管潜航也别有一番风味。公园附近，有玛雅古灯塔遗迹和现代化的灯塔。

阿卡普尔科

(Acapulco)

阿卡普尔科位于墨西哥南部太平洋海岸美丽的阿卡普尔科湾（Acapulco Bay），是世界著名的度假村之一。16 世纪，西班牙人发现了这座城镇。300 年来，阿卡普尔科是墨西哥通向远东的主要门户。20 世纪 40 年代，当米吉尔·阿里曼（Miguel Aleman）总统选择它作为旅游度假村时，阿卡普尔科逐渐繁荣起来。约翰·韦恩（John Wayne）、埃尔罗·弗林（Errol Flynn）和伊丽莎白·泰勒(Elizabeth Taylor）等好莱坞明星都来此短暂停留过，他们都对度假村赞不绝口。

阿卡普尔科分成两个区域：西部是老城区、商业区，也称中心区；而东部则是长约 11 公里的著名的拉·柯斯特拉·米吉尔·阿里曼（La Costera Miguel Aleman）海边大道。这里，宾馆、商店、餐馆和夜总会林立。

在西部中心区，有一座 20 世纪 30 年代摩尔式（Moorish-style）教堂，从教堂上可眺望主广场和众多建筑物、码头脚手架和拉奎·勃拉达（La Quebrada）。艺术家迭戈·里维拉（Diego Rivera）的住所在拉奎·勃拉达东面的街道上。

帕尔图·瓦拉塔

(Puerto Vallarta)

1960 年，一些好莱坞明星来到了班德拉斯海湾（Banderas Bay），发现这是个热带乐园。从此，帕尔图·瓦拉塔逐渐成了墨西哥在太平洋岸边多个顶尖的度假村之一。现今，这里令人喜爱的气候、美丽的海滩、令人惊奇的水上运动和丰富多彩的夜生活，每年吸引 150 万游客来此休闲度假。

度假村沿着海湾延伸，长达 40 多公里。在度假村腹地，是帕尔图·瓦拉塔的

❖ 帕尔图·瓦拉塔市内风光

老城区——韦尔荷 瓦拉塔（Viejo Vallarta）。在老城区，至今仍保留着一些古雅的墨西哥乡村。乡村里的房屋用洁白的土坯筑砌，红瓦做屋顶。用鹅卵石铺成的小路，一直延伸至被丛林覆盖的山峦中。

在磅地拉斯海湾的北面，依次排列的是一些著名的宾馆，一直延伸至码头。在北面，还有墨西哥最大的航海中心马连那·瓦拉塔（marina Vallaarta）。在航海中心的周围，有许多豪华宾馆、购物中心和高尔夫球场。

在班德拉斯海湾的南面，有许多海边景观、古老小镇。从这里，道路上的大风在到达内陆之前，通过星罗棋布的城郊小屋吹向悬崖峭壁，并冲击着蓝色的风帆，吹向米斯马洛牙（Mismaloya）。

❖ 帕尔图·瓦拉塔海滩风光（上、下）

马萨特兰

(Mazatlan)

马萨特兰，正好位于北回归线（Tropic of Cancer）南侧。令人舒适的气候，20 公里长的海滩，独特的海边风景，使马萨特兰闻名于世。还有一年一度的马萨特兰狂欢节（嘉年华），也是游客纷至沓来的原因之一。

❖ 马萨特兰海湾风光

水门大道（waterfront boulevard）把老城区狭窄的街道和旅游观光的黄金地带、杜拉达地区（Dorada Zona）众多的豪华海滩宾馆连接在一起。在帕扎罗斯（Pajaros）、温那多斯（Venados）和洛布斯（Lobos）等岛上，有许多优良的沙滩和值得观赏的野生动植物。

❖ 单人表演

❖ 双人民族舞

意大利式建筑风格的第特罗·安吉拉·帕拉塔（Teatro Angela Peralta）非常漂亮，很值得人们观赏。此外，这里非哥特式大教堂以及内部著名的镀金祭坛，也很值得游客观赏。这两座建筑物的历史，可追溯到 19 世纪末。

马萨特兰水族馆（Acuario Mazatlan）是墨西哥最大的水族馆，水族馆里有从世界各地运来的 250 多种鱼类和其他海洋生物。

❖ 跳水者“千钧一发”之际（上）

❖ 跳水台旁边美人鱼雕像（下）

圣荷西·德尔·卡勃

(San Jose del Cabo)

圣荷西·德尔·卡勃，位于拜哈半岛（Baja peninsula）的最南端，以米哈里斯广场（Plaza Mijares）为中心的地区是游客最感兴趣的。每逢周末，这里是艺术品（包括手工艺品）的市场。在米哈里斯广场南面的岛屿是老城区。市区的街道都向着海滨大道倾斜，街道两旁有许多现代化的旅游观光宾馆、度假村和公寓。市区东面，是生长着茂密棕榈树的港湾区。港湾区是200多种不同的鸟类之家，其中就包括来这过冬的候鸟。

❖ 停泊在外海的豪华游轮

❖ 圣荷西·德尔·卡勃海滨风光（上、下）

距离市区东面的几公里处，就是著名的普韦布洛海滩（Pueblo la Playa），这里的白沙海滩非常漂亮。

卡勃·圣卢卡斯

(Cabo San Lucas)

卡勃·圣卢卡斯以浪漫的“情人海滩”（Lovers’ Beach）而闻名于世。这里的海滩有锯齿状的岩石、山峦、沙滩。并且，人们只能用小船往返海滩边小岛其间。

卡勃·圣卢卡斯海滩最奇特的景观是岩石拱门。由于拱门位于著名的洛斯·弗赖里斯（Los Frailes）锯齿状的岩石之间，把太平洋（Pacific Ocean）的海水与柯特兹海（Sea of Cortez）的海水连接起来，因而，拱门就好像是半岛的尖角，或者说是“分水岭”。

这里有世界上最好的钓鱼场，还有拥挤的酒吧、迪斯科舞厅（discos）和餐厅。海滩远处的岛屿仍保留着古老城镇的原貌。

卡勃·圣卢卡斯的“情人海滩”

❖ 太平洋与加利福尼亚湾之间奇特的岩石拱门

海滩上的游览活动都集中在帕拉牙·伊尔·麦坦奴（Playa El Medano)，而且游泳是游客在这里最喜欢的运动，而在洛斯·弗赖里斯周围，跳水则是游客的最爱，因为这里可潜入水下的大峡谷之中。

在卡勃·圣·卢卡斯和圣荷西德尔·卡勃之间，有几处世界顶级高尔夫球场。

❖ 来往“情人海滩”的小船（上）
❖ “情人海滩”的海水清晰可见（下）

蒂华纳

(Tijuana)

蒂华纳，与美国圣迭戈（San Diego）接壤，是典型的边境城市，每年来此旅游观光客达350万。

在蒂华纳，有一些著名的摩天大楼和巨型的购物中心。许多人来此目的或是购物，或是朋友聚会。在蒂华纳，最好的购物场所是革命大道（Avenida Revolucion）两旁的集市。在这里，彩陶、皮靴和银器珠宝等物品都是最普通的商品，革命大道上夜生活也格外热闹，这里还有很多餐馆和咖啡店。

蒂华纳的文化生活也很有特色。在河畔的蒂华纳文化中心（Centro Cultural Tijuana）是蒂华纳主要的建筑物之一，每年都有许多音乐会和展览会在这里举办，并且，中心还有 OMNIMAX 剧院，主要放映墨西哥电影。

恩塞纳达

(Ensenada)

恩塞纳达，不仅是一个繁忙的港口，而且还是一个豪华游轮的停泊地。从蒂华纳驾驶汽车只需 90 分钟，越过弯曲的海湾和红土悬崖峭壁，即可到达恩塞纳达，沿途可尽情欣赏远处特有的沙漠风光和海湾一群群展翅飞翔的海鸥。

恩塞纳达的标志性建筑，有纽斯特拉·施奴拉·德·葛达留帕（Nuestra Senora de Guadalupe）的双塔教堂，城市广场（Plaza Civica）中三位国家英雄——佐亚里兹（Juarez）、哈达尔格（Hidalgo）和卡兰扎（Carranza）的巨型雕塑像。水上门户附近的太平洋利韦拉（Riviera del Pacifico），有很多收藏品陈

❖ 由豪华游轮上眺望恩塞纳达海港

❖ 恩塞纳达海湾一角

❖ 恩塞纳达市内风光

列，尤其是大厅内一幅 18 世纪加利福尼亚耶稣使团的立体壁画特别珍贵。

恩塞纳达虽然小，但在环绕莱比锡·马吐斯大道（Avenida Lopez Mateos）上的老式汉萨·冈田拿（Hussong’s Cantina）“聚集区”居住着很多人。

在恩塞纳达城南面几公里处，有两处叫帕拉牙·伊尔·法罗（Playa El Faro）和帕拉牙·伊斯特罗（Playa Estero）的地方，这里的黄昏景致极为迷人。而在拉·巴法道拉（La Bufadora），岩石上的“V”字形裂口，产生的海水柱流，景色别致，特别是在风浪很大时，景致更加迷人。

Chapter 4

巴西

巴西，面积850万平方公里，位列世界第五，几乎占据了整个南美大陆的一半。人口1.8亿。

巴西北部是广阔的亚马孙（Amazon）雨林，属于潮湿的热带气候，终年高温多雨；巴西东北部的内陆地区，属于半干旱的热带气候，终年炎热少雨，降雨通常集中在每年3–5月，东北部平均气温24~27℃。从北格兰德河到圣保罗（San Paulo）一带，气候炎热潮湿，但比起北部地区，降雨量要少许多。巴西南回归线以南地区属终年湿润的亚热带气候，年降雨均衡，冬季偶尔有霜冻和降雪。

巴西是南美唯一说葡萄牙语的国家。15世纪，葡萄牙探险家贝德罗·阿维斯·卡布拉首先登陆巴西。19世纪初，葡萄牙国王若望六世仓促逃往巴西，以里约热内卢（Rio de Janerio）作为统治葡萄牙的中心，成为首个作为欧洲国家首

❖ 巴西地理位置简图

都的南美城市。若望六世在局势稳定后返回欧洲，由其儿子伯多禄治理巴西。伯多禄在 1822 年 9 月 7 日宣布巴西独立，因此 9 月 7 日成为巴西的独立日和国庆日。

巴西人对英式足球、音乐和舞蹈情有独钟，每年一度的嘉年华（狂欢节）更是盛况空前，令人惊叹不已！

里约热内卢

(Rio De Janeiro)

从 1716 到 1960 年，里约热内卢是巴西的首都，是巴西政治、经济和文化中心。1960 年，政府将首都迁到巴伐利亚 (Brasilia)，但里约热内卢魅力不减，仍然是许多外国游客进入巴西的首站，是游客的必经之地。

❖ 里约热内卢导游简图

里约热内卢风光（左、右）

里约热内卢，1502年被葡萄牙航海家发现，曾把瓜纳巴拉湾（Guanabara Bay）误认为是河流的出口，因而，名字被冠以葡萄牙语Rio（中文为河流之意），葡语De为英语的of，Janeiro为英语的January，所以里约热内卢的英文意思是River of January，即“一月的河流”之意，简称为“Rio”。

耶稣山（Christ mountain）

❖ 耶稣山上耶稣雕像（正面与背面）

2007年2月18日上午，作者随旅行团前往柯柯拉杜山（Corcorrado Hill）风景区观光。作者一行搭乘登山缆车，前往著名观光点耶稣山。该山海拔700多米，是观看里约热内卢最佳地点。山上有一座巨型耶稣基督雕像，像高30米，两手平伸长28米，雕像基座台基高8米，重量超过200吨，这是为纪念巴西独立而建造的。

耶稣山西侧不远处有一座世界最大的圆形马拉卡纳（Maracana）足球场，可容纳20万观众；西南侧有一个巨型赛马场（Jockey Club）。

❖ 里约热内卢的赛马场（中心位置）（右上）

❖ 著名的马拉卡纳足球场（圆环形）（左下）

甜面包山 (Sugar Laof hill)

里约热内卢的另一个观光地——甜面包山，由卧狗山和面包山两座山组成，因而，游客必须先乘缆车上卧狗山，再乘吊厢缆车到达甜面包山顶。在山顶上，游客可以俯瞰里约热内卢海湾风貌，以及闻名于世的柯柏卡巴纳海湾（Copacabana Beach），尽情欣赏里约热内卢港的绮丽风光。

❖ 卧狗山（中）与甜面包山（左）的相对位置

❖ 甜面包山及电缆车的英姿（左、中）

❖ 里约热内卢的柯柏卡巴纳海滩

狂欢节 (Carnaval)

巴西狂欢节，亦称“嘉年华”，是从葡萄牙引入的。

❖ 饱尝特有风味的巴西牛肉串

20 世纪 30 年代，巴西的狂欢节就形成今天的规模。在 1960 年以前的里约热内卢狂欢节期间，大街上只举行游行。当时，相邻街区组建桑巴舞队。桑巴舞队在狂欢节前几个月就开始训练。

据说每年有 70 多个国家的游客来观看巴西狂欢节。狂欢节期间，全国放假 3 天。狂欢节当天晚上，街道两旁长达 1 公里多长的观赏台上，早已人山人海，拥挤不堪，游客只好“见缝插针”。游行从桑博德洛莫（Sambodromo）开始，通常有先导桑巴舞跳舞队，紧接着是巨大的“花车”，花车前面和中后部的台基（有时达 2–3 层）上，分别站着桑巴舞的演员，震耳欲聋的桑巴舞曲，响彻天空。舞男舞女们穿得很“清凉”（短裤或者泳装），翩翩起舞，激情奔放，浓郁的欢乐气氛笼罩着大地。看台上的观众，有的从座位上站起来，手舞足蹈，随歌起舞；有的随着桑巴舞队边舞边走；有的凝视着远处舞队或舞男舞女的舞姿；有的忙于进行录像或照相，留下这美好的回忆！

❖ 狂欢节行进中的“花车”

亚马孙河

(Amazon River)

亚马孙流域（Amazon Basin）的大城市马瑙斯（Manaus），受益于 19 世纪橡胶工业的发展，曾经一度辉煌，成为巴西北部最富有的城市之一。但随着东南亚国家大力种植橡胶树后，马瑙斯的经济一蹶不振。1960 年以后，马瑙斯电器及电子工业迅速发展，经济得以复苏。

❖ 河畔的“贫民窟”

❖ 沿岸城镇风貌

马瑙斯是一座有着338年历史的城市，人口200多万。马瑙斯旅游景点虽然不多，但这里是游客进入亚马孙森林探险或旅游的门户。马瑙斯位于亚马孙河中下游的小岛上，周围分布着60多个小城镇，居民生活主要靠海运。

亚马孙河发源于秘鲁安第斯（Andes）山脉，横跨南美大陆的中心地带，在奔流了6570公里之后，从巴西境内赤道附近注入大西洋，其流域占巴西总面积的一半。亚马孙河有大约15000条支流，其中一些支流本身也称得上是一条大河，如阿拉瓜亚河（Rio Araguaia）和德柏佐斯河（Rio Tapajos）。“黑色河水”内格罗河（Rio Negra）与“白色河水”索里莫斯河（Rio Solimoes）在流过马瑙斯市后不远处的河面上汇合，“同流而不合污”。

亚马孙河是世界最长及水流量最大的河流，它每年注入大西洋的淡水约21亿立方米，约占全世界淡水总量的十分之一。亚马孙河面最宽处有300公里，流域布满了迷宫般的河道和岛屿，有一个岛屿比瑞士还大。由于水流量大而急，以至于离出海口180公里处的洋面还是淡水。亚马逊河最深处为200米，全年6月水位最高，12月水位最低，相差8米。

亚马孙河流域丛林交错，浓密阴暗。据估计，这儿囊括了全球十分之一的植物和昆虫种群。一些地区至今仍生活着一些印第安人（Indian），一些部落从未跟雨林外的世界打交道。

作者曾乘游轮，到达河畔印第安人开设的“水上餐厅”用餐之后，登上雨林内的“栈道”，观赏了雨林中很大的“蚂蚁窝”、橡胶树上蚂蚁通道和

❖ 在内格罗河（黑河）游船上

❖ 雨林中迂回曲折河道

❖ 雨林中巨型“蚂蚁窝”

❖ 雨林中“莲池”

❖ 与鹦鹉和懒猴照相

❖ 小艇上的鳄鱼

❖ “标志性”大树

❖ 休闲钓鱼

在雨林中原始的“莲池”等景色，大饱眼福！紧接着，乘坐机动游艇，迂回在亚马孙河支流的原始森林河道上，尽情欣赏着河岸两旁的丛林和花草鱼鸟特有的风貌。在宽阔的河面上，带着蟒蛇、鳄鱼之类动物的青少年，用力划着小艇，追赶过来。在支流岸边的丛林中，有一棵特高的大树，不少游客都跳（爬）上岸与这棵大树留影。

据统计，亚马孙河有 200 多种鱼类，其中最长的约 3 米。还有 23 种“食人鱼”，有黑、白、红等多种颜色，“食人鱼”尖牙利齿，因此，人们都不敢在河中游泳！

巴西的宝石闻名于世，游客可到马瑙斯市 AM 宝石店参观。该店属于 AV 宝石公司，有 125 年历史，总部设在特奥菲卢·奥托尼（Teofilo Otoni）市。该市拥有世界“宝石首都”的美名。

AM 宝石首饰店

1

2

3

4

5

6

7

8

9

10

11

12

各类宝石和首饰

1.祖母绿；2.海蓝宝石；3.帝王帝玉；4.电气晶石；5.红碧；6.紫晶；7.黄晶；8.蓝宝石（蓝色黄玉）；9.萤石；10.虎眼石；11.蛋白石；12.纪念戒指。

伊瓜苏大瀑布

(Iquazu falls)

2007年2月，作者从马瑙斯市乘坐巴西国内航班到达巴伐利亚（Brasilia），随后，转乘航班抵达福斯市（Foz do）。

❖ 伊瓜苏国家公园管理处

抵达后，晚餐享用著名的风味——巴西窑烤，并欣赏巴西、巴拉圭、阿根廷三国精彩的民俗表演。翌日，作者沿着高速公路前往巴西巴拉纳（Parana）省的伊瓜苏国家公园（Iquazu N' tl Park）。伊瓜苏大瀑布就位于该公园内。

伊瓜苏大瀑布是南美极为壮丽的自然景观之一。大瀑布分属巴西和阿根廷两国共有。从巴西境内观赏，大瀑布显得更壮观，而阿根廷境内的大瀑布更适合于探险。为了全面观赏大瀑布的全貌，作者一行决意两边都走走，都看看。

我们先到达巴西境内的大瀑布。我们沿着山坡的木制栈道缓慢前行，边走边拍照。只见汹涌的水流，从数个小瀑布上空带着雷霆万钧之势飞流直下，飞溅出大量水花。我们兴致勃勃地欣赏这跨度为世界之最、宽为1公里的伊瓜苏瀑布群美丽而又壮观的天然奇景，亲眼目睹275道瀑布那种一落千丈、一泻千里的万马

❖ 从阿根廷侧看汹涌咆哮的瀑布

❖ "魔鬼喉"瀑布从天而降

❖ 雄伟壮观的马蹄形瀑布

❖ 雄伟壮观的伊瓜苏瀑布群

奔腾的磅礴气势。不知不觉，我们走到了咆哮的“魔鬼喉”（Devil’s Throat）附近，再往下，走在观赏的“栈桥”上，越来越清晰地仰视那“魔鬼喉”100米落差的14条瀑布一起冲下来的雄伟壮观气势！它们垂直地撞击在水面上，发出惊天动地的轰鸣声，巨大的“彩虹”摇摆在瀑布上空，真是壮哉，美哉！它比美国尼亚加拉大瀑布还要宽阔、还要宏伟、还要壮观啊！

从栈桥返回，往上走，乘坐电梯到达最顶层，在观赏台前，居高临下，俯视“魔鬼喉”的马蹄形瀑布群的雄姿，美妙绝伦，举世无双，令人赞不绝口！

第二天，从旅馆（Hotel carima）出发，作者先到阿根廷、巴西和巴拉圭三国会议中心及阿根廷一侧的纪念碑等地游玩。会议中心位于伊瓜苏河与香蕉（Parana）河交界处巴西一侧。然后，我们到达阿根廷

❖ 丛林绿色小火车（上）
❖ 茂密树林中两只鸳鸯（中）
❖ 颜色及花纹不同的蝴蝶（下）

❖ 在巴西的三国会议中心

❖ 三国会议中心对面的巴拉圭边防哨所

咨询中心（Interpretation Center），中心向游客提供关于瀑布以及周围动植物的信息。随后，按线路图，我们乘坐“丛林绿色小火车”（Green Train of the jungle），下车后，穿过茂密的树林，进入木制“栈桥”，在树林中看到小鸟，不时还看到群飞乱舞的各种各样蝴蝶。在宽约1米、长约600米的“栈桥”上，游客熙熙攘攘，络绎不绝，都在饱览大瀑布顶端川流不息、自天而降、水花飞溅、举世无双的天然美景。

Chapter 5

阿根廷

阿根廷位于南半球，北与玻利维亚（Bolivia）和巴拉圭（Paraquay）接壤，东与巴西（Brazil）、乌拉圭（Uruquay）等国以及大西洋相接，西与智利（Chile）相邻。面积 380 万平方公里，有 23 个省，人口 3700 万。

阿根廷气候，北部属亚热带气候；中部气候宜人，而南部在南极圈附近，天气寒冷。首都布宜诺斯艾利斯（Buenos Aires）温暖潮湿，夏季平均气温 28℃，冬季气温在 2~8℃。春秋两季为阿根廷旅游旺季。

阿根廷的官方语言是西班牙语，也通行多种地方语及印第安语。

阿根廷是世界第二大牛肉生产国，牛排物美价廉，牛排馆遍布大街小巷。阿根廷的主食是肉类，最常用的菜肴就是各式烤肉（Asador）。意大利面、千层饼、薄饼等也很常见。

皮革及羊皮制品是阿根廷的特产，皮鞋世界闻名。手编的壁饰、水晶、玻璃制品和银制品等工艺品也很著名。

❖ 阿根廷地理位置简图

布宜诺斯艾利斯

(Buenos Aires)

布宜诺斯艾利斯是阿根廷的首都，素有“南美花都”之称。市内广场多、塑像多，据说全国约有3000座雕像；城市绿化很好，街道宽阔，井井有条；露天茶座，到处可见；瑰丽的欧式古典大楼比比皆是。城市以五月广场为中心。五月广场与国会大厦遥遥相对，沿五月大道呈放射状一直延伸至国会大厦，途中与世界最宽的140米的7月9日大道（AV.9 De Julio）相遇。该大道于1936年建成，其中的纪念碑高达67.5米，为该市地标性建筑。

❖ 花园宾馆大厅一角（上）

❖ 阿根廷国会大厦（下）

探戈舞（Tango shows）是阿根廷的“国粹”，而布宜诺斯艾利斯是探戈舞的发源地，故该市又有“探戈之城”之称。19 世纪末，一群聚居于此的来自欧洲和非洲等地的劳工移民，集体创作出充满孤独哀愁与深情的探戈音乐，因此，探戈无论在韵律、节奏、乐器等方面，都融合了各种文化的特色。

布宜诺斯艾利斯的交通十分方便，市内有超过 150 条公共汽车线路，以及地铁 A、B、C、D、E 五条交通干道，分别贯通东西南北，路经繁华街市、商店、办公楼及住宅区。

作者曾去离市中心约 30 公里的老虎三角洲（Deita aera of Tiger）游览。在码头上船后，我们乘游船观赏了绿树丛中的豪华别墅，其中就包括贝隆前总统夫人（Evita）的别墅。所谓老虎洲，就是

❖ 老虎洲豪华别墅（上）

❖ 老虎洲游船码头（下）

❖ 总统府（在修建中）

❖ 科隆大剧院

❖ 大橡树

❖ 购物商店

巴拉那河三角洲（Parana river delta）的简称，它被巴拉那河的支流（河网）分隔成若干小岛。在各个小岛上，空气清新，环境幽雅，安静舒适，绿草如茵，各色鲜花竞相争艳，随处可见的私人游艇及专用码头别具特色，不时还可见到成年人及孩子们在游泳或嬉水。

随后，作者乘豪华大巴游览市容市貌，先到总统府（因其外墙为玫瑰红而又称为“玫瑰宫”），由于它正在修建，没能进去参观，只能到国会大厦及广场前、科隆（Colon）大剧院门前照相留影。午饭后，参观贝隆前总统夫人的墓地。

附近的大橡树，树干粗大，散向四周，覆盖面大，甚为罕见。此外，作者到购物商店购物，观赏小街摊位，也是别有一番情趣！

伊尔·卡拉斐（El Calafate）市

阿根廷南部伊尔·卡拉斐市，位于阿根廷第三大湖的阿根廷湖（Lake Argentina）畔。该市原是荒山野岭中偏僻的小村庄，沙砾黄土连片，很像美国南

❖ 苏诺斯宾馆（上）

❖ 街景一角（左一） ❖ 沙砾黄土生态（左二） ❖ 柏玛西亚餐馆（右一） ❖ 餐馆烤炉（右一）

加州去拉斯韦加斯（Las Vegas）58号公路两侧的沙土。虽然如此，由于此地是游览大冰川的必经“门户”而逐步繁荣起来。如今，市郊到处都在兴建楼房，市内旅游物品商店林立，行人络绎不绝，餐馆众多。

莫雷诺大冰川

(Glaciar Perito Moreno)

作者曾在导游的安排下，乘坐豪华大巴，沿着阿根廷湖畔的公路往南行驶，经过40公里行程，到达奔提班地拉（Punta Bandera）码头，改乘游船，近距离观赏大冰川的绚丽美妙景色。

❖ 码头前大冰川地图

然后，作者乘车沿着公路往东南方向行驶，行程46公里，到达莫雷诺大冰川对面的山冈上。从此可观赏大冰川的全貌。越往山下走，就越能看清世界八大奇观之一的莫雷诺大冰川的“真面目”。它确实比美国阿拉斯加（Alaska）特雷斯（Tracy）的大冰川和加拿大哥伦布大冰川（Columbus Icefield）还要宏伟壮观！

莫摩雷诺冰川有阿根廷“冰川之星”的美称，冰川前宽5公里、高60米，整个冰川面积达257平方公里，大冰川形成于2万年前的冰河时期，是地球上为数不多的“活冰川”之一，也是世界上唯一一座游客可以攀登的冰

❖ 冰川国家公园地图

❖ 到达码头之前摄的大冰川
❖ 大冰川底部的“穹隆”及碎冰
❖ 大冰川顶部“峋嶙”的壮观景象
❖ 游船上近距离拍摄的一段大冰川

川，它已被联合国列为“人类自然遗产”。当我们站在人头攒动的看台上观赏，不时听到那厚重的冰块吱吱嘎嘎地断裂的声音，甚至还听到从巨大冰墙（每次形成约需 4 年）的一侧崩塌下来、砸在水面上的震天动地的巨响。无数掉落的大大小小的冰块碎片，推动着波浪向岸边咆哮而去。